河出文庫

ひとり温泉
おいしいごはん

山崎まゆみ

JN191239

河出書房新社

まえがき

茹《ゆ》でたての卵のような匂いがふんわりと漂ってきた。

共同湯は木造りの湯小屋で、温泉成分によってところどころ木が朽ちている。

「がらがら〜っ」と重たい引き戸を開けると、湯口からお湯がしたたり落ちる音が聞こえた。

「ちゃぽん、ちゃぽん」

天井の湯気抜きの窓から一筋の光が射し込み、お湯を照らす。湯の面がきらきらとしている。

湯船から桶でお湯をすくい、身体にかける。

「ざばざば〜〜〜」

身体を沈める。

「ざぶ〜〜〜ん」

「ぽちょん、ぽちょん」

軽い音から重たい音まで、お湯がお湯に当たる音色《ねいろ》の大合唱。奏《かな》でる音は耳に心地良く、温《ぬく》もりすら感じるのは、湯小屋の音響効果だろう。

湯けむりの蒸気もあいまって、音がまあるく聞こえてくる。

目をつむりお湯の音のハーモニーに聞き入る。

湯気が頬をなで、ほっぺたがじんわりと温まる。

徐々に徐々に、身体も心も緩んでくる。


浴衣を羽織り、宿に戻る。

部屋にベッドがあればそのままダイブ。あるいは、畳にごろん。大の字になって、伸びる。「う〜〜〜ん」。

座布団をうずたかく積み上げて枕にして、文庫を広げると手に持つ本の重みも手伝って、2〜3ページめくる間もなく、眠りに落ちる。

目覚めたら、今度は宿のお風呂へ。

お湯と読書と睡眠を、だらだらと繰り返すこと数時間、全身から力が抜けきる。

しばし、解脱《げだつ》――。


旅館で夕食の席につくと、まずメニューを確認。宿の料理は品数が多いため、最後までたどり着けるか配分を考えて、お刺身は食べるが、煮物は控えてメインの肉に備えようなどなど、まずはお腹との相談。

しかしである。

テーブルに並べられるとしっかりと完食してしまうのが常で、残食を出さない姿勢は「環境には優しいゾ」と、我を褒め称える。

夕食をたんとほおばり、お腹ははちきれそうである、浴衣の紐を緩めて、部屋に戻る。

満腹感と湯疲れと、足の爪先までよく温まったぽかぽかさで深い眠りへと入っていく。

翌朝、やや熱めのお湯に入り、身体をシャキッとさせる。

あれ、身体が軽い。肩のコリがない。顔の肌色がワントーン明るい。

2日目からは読書が進む。静かな客室で好きなだけ読む。気分転換にお風呂に入り、たまにうたた寝し、そしてまた読書。本が繰り広げてくれる世界へ入り、しばし浸《ひた》る。

至福以外の何ものでもない。

※※※

私は2012年に『おひとり温泉の愉しみ』（光文社新書）を刊行している。

そもそも10年以上前に「ひとり温泉」というテーマで本を上梓したきっかけは、私自身の個人的な趣向というよりも、出版業界の情勢によるところが大きかった。

かつては取材と言えばカメラマンや編集者と私というチームで行われたものだが、2000年代の半ばを過ぎると、取材経費削減の波が押し寄せた。カラーの写真付きの雑誌の仕事も、私が三脚を持ち歩き、自らの入浴写真を撮影するようになり、1人で2役、3役をこなす旅が始まった。

よってひとり温泉を始めた当初は、負担を減らすような旅を考えてばかりいた。動きやすいように荷物は少なく、身軽に。人に頼めることは頼んでしまう。すると、ひとりで旅する気軽さや気ままさを知っていくことにもなった。

ただ、颯爽とカッコ良く旅をしていたかった。

その心理にはこんな背景がある。

かつては――温泉宿に女性ひとりが泊まろうものなら、マークされた。「女性ひとりで、なにかよんどころのない事情があるのではないか」と疑念を抱いたという話は、親しい旅館オーナーや女将からよく聞く。

ただ、私がひとり温泉を始めた2000年代前半は、「おひとりで取材とは大変ですね」と同情されることはあっても、警戒はされなかったし、変化の兆しはあった。

事実、『おひとり温泉の愉しみ』のまえがきには、こんな出来事を綴っている。

『あるラジオ番組で、松任谷《まつとうや》正隆《まさたか》さんとお話しした時のことです。

「山崎さん、ひとりで温泉へ行くの？」

「はい、はじめは仕事でしたが、いまではひとり温泉っていいものだと思っています」

「カッコいい!!　僕さ、ひとり飯できる人もカッコいいと思うけど、ひとり温泉できる女の人、カッコいいと思うな」

様々な分野において才に秀でた松任谷正隆さんに「カッコいい」と言われて、すっかりその気になってしまいました。』

女性のひとり温泉がポジティブに捉えられる風潮が始まったのだろう。

ひとり温泉はまだ珍しかったが、ひとり旅の楽しさをテーマにした書籍は多くの作家が出しており、なかでもドイツ文学者でエッセイストの池内紀《おさむ》さんの『ひとり旅は楽し』（中公新書）、『なぜかいい町　一泊旅行』（光文社新書）や、放浪画家の山下清さんの『日本ぶらりぶらり』（ちくま文庫）などは、私の愛読書だった。

ちなみに『ひとり旅は楽し』には、

『のんびりするには勇気がいる。知恵がいる。我慢がいる。というのは、いまの世の中の構造が、人をせかし、動かし、引き廻して、お金を使わせるようにできているからだ。だから世の中の仕組みと知恵くらべするようにして、自分の旅をつくらなくてはならない。

それにしても、ひとり旅は、ほんとうにひとり旅なのだろうか。ひとりになると、とたんに想像のなかに、いろんな人がやってこないか。最初の恋人とも、二十年前に死んだ友人とも自由に会える。話ができる。ひとり旅ほど、にぎやかな旅はない』

という一節がある。

そうか、ひとり旅に寂しさはない。ひとりでありながら、求めれば故人にも会えるのか、ふむふむ。

女優の中谷美紀さんもひとり旅を好まれる。

２００６年刊行の38日間にも及ぶインドひとり旅の記録『インド旅行記　１北インド編』（幻冬舎文庫）は、累計30万部を超えるベストセラー「インド旅行記シリーズ」の第1弾。女性がひとりで海外に行く市場を切り拓く一助となった本のように記憶している。

またもやまたもやと襲いかかる困難の数々には手に汗握るし、女優が恥ずかしい失敗までをも赤裸々に綴る姿に、旅を愛する同志のような身近さを中谷美紀さんに感じた。

もちろん海外、それもインドという特殊な国のさらに辺境の地だからこその出来事の数々だが、ひとり旅だとあるあるのエピソードのオンパレードに、抱腹絶倒しながらも大きく頷いたし、興味の赴くままに歩いていける自由痛快さにも共鳴した。

ひとり旅って、トラブルに見舞われれば自分で解決しなければならない。そこには知恵とガッツが求められる。

ただ、ひとりで旅しているからこその出会いや発見があって、わくわくが連続する。それは温泉も同じなのだ。

旅に出る動機も同じだった。

『おひとり温泉の愉しみ』では帯文句に「『プチ蒸発』してみませんか？」と謳い、日常からの解放をテーマとしていた。

中谷さんも旅に出るきっかけは、

『あの時期、私は精魂共に尽き果て、完全に疲弊していた。』

『もう、何もできない。何もしたくない。そんな思いを振り切るように、飛行機に飛び乗り、前進せざるを得ない状況にこの身を投じ入れた。』（『インド旅行記　1　北インド編』より）

と綴っている。表現方法は違えど、要は「プチ蒸発」だったのだろう。

このように、ひとり旅の先人達はいたが、ひとり温泉は、あの鄙《ひな》びた哀愁漂う、つげ義春《よしはる》の世界くらいだっただろう。そこには女性は皆無だった。

それが、ここ数年で情勢が大きく変化した。

女性誌がひとり旅、ひとり温泉の特集を組むようになったのは2017年頃から。私も「まだマーケットがあるか不確かですが、ひとり温泉の特集を組むので手伝ってください」と依頼され、女性のライフスタイル誌『CREA』（文藝春秋）に協力した。『CREA』の「ひとり温泉」特集号は、結果的に2017年で最も売れた号だったと聞く。その後も、毎年のようにひとり温泉ムックが刊行されており、売り上げも好調とのこと。

他にも女性をターゲットにした雑誌の温泉特集では、ひとり旅が大きな柱となり、ひとり温泉のマニュアル本も多数刊行された。

密を避けるようにと求められたコロナ蔓延中に、さらにこの市場は膨らみ、現在も拡大中だ。

こうしたニーズに伴い、温泉旅館側もより懇切丁寧に対応してくださるようになった。ひとり客お断りも少なくなった。食事処は半個室を用意してくれ、ライブラリー設置等のひとり客が心地よく滞在できる環境が整ってきた。むしろ女性のひとり旅を歓迎する傾向にある。

そう、ひとり温泉、特に女性のひとり温泉は真に市民権を得たのだ。

そうした社会の変化を見て、情報を新しくし、この10年でスキルアップしたひとり温泉の術を本書『ひとり温泉　おいしいごはん』でお伝えすることにした。

こうしたひとり温泉の愉しみに加え、ひとり温泉ゆえの、ごはんの楽しみ方も心得た。『温泉ごはん』（河出文庫）にも綴っているが、ひとり旅の身軽さを活《い》かし、現地でくんくんと鼻を利《き》かせ、おいしいものにありつく。それは旅館の名物料理だけでなく、土地の方が使う食材や郷土料理の数々であり、そうしたニュースソースを得ることは、我ながらスキルアップしたと思う。

気持ちがいい。癒される。ただそれだけに留まらず、ひとり温泉だからこそ、温泉情緒を存分に感じ取っていただきたい。食を愉しみ、読書に勤しみ、内省して、身体と心を整えて欲しい。

それでは、めくるめく魅惑の〝ひとり温泉〟をご案内しよう。

目次

まえがき　003

第1章　ひとり温泉　旅の準備はここから

練達者〝寅さん〟に見るひとり旅の極意　022
ひとり温泉　私の5つのモットー　025
ひとり温泉　私の9つの持ち物　028
宿滞在で大切にしたい6つのこと　033
①深夜の入浴の愉快　033
②温泉と語り合える環境　034
③ひとりの食事を愉しむ　035
④地域を知ることができるライブラリー　040

⑤安心して、ひとり酔えるバー　043
⑥お礼状を書く　045
リスク回避の宿選び　047
はじめての「ひとり温泉」に適した宿　049
仕事帰りもOK！　近隣の温泉で楽しむ「ひとり温泉」　053

第2章　ひとり温泉　タイプ別マイ温泉を見つけよう

あなたはどのタイプ？　056
1 とことんひとりになりたい　056
2 時にひとり、時に賑やかにしたい、ちょっと寂しがり屋　059
3 温泉を知りたい――泉質別マイ温泉を探す　063
4 旅先での出会いを求める　077
5「ひたすら、おいしい！」を求めたい　079

第3章　ひとり温泉　旅に出る

とにかく美味を堪能！

冬のひとり温泉、キケンの後のパラダイス〈山形県・湯野浜温泉〉　084
ふぐ、蟹、あんこうで、しっぽりひとり酒
〈山形県・湯野浜温泉「亀や」〉　089
牡蠣、牛タン、ずんだ餅をひとり旅のお仲間に
〈宮城県・松島温泉「松島センチュリーホテル」〉　093
ラムを「じゅうじゅう」焼いて、秘伝のたれで
〈山形県・蔵王温泉「五感の湯　つるや」、共同浴場「川原の湯」〉　101
シュークリームで異文化交流、あか牛丼も！
〈熊本県・黒川温泉「ふもと旅館」〉　105
ソウルフード「じゃじゃ麺」を本店でいただく至福
〈岩手県・つなぎ温泉「ホテル大観」〉　110
砂蒸しのあとに、ひらひら舞う鰹節に心惹かれて
〈鹿児島県・指宿温泉〉　114

温泉宿で最愛の人の表情を撮る〈鹿児島県・指宿温泉「白水館」〉 118
温泉で炊く桜えびの炊き込みに、ほっこり〈静岡県・観音温泉〉 122
シャキシャキ鳴門わかめとコリコリ鳴門鯛〈徳島県・鳴門温泉「アオアヲ　ナルト　リゾート」〉 126
働く戦士には都内で「リラックス・フレンチ」を〈東京都・大手町温泉「星のや東京」〉 130
名物ダムカレーに舌つづみ、美しくて優しい湯を堪能〈群馬県・みなかみ温泉郷18湯〉 139
透き通ったボディに目の玉の瑞々しいいか〈福岡県・むなかた温泉「御宿はなわらび」〉 144
若鮎とオーストリアワインのマリアージュ〈京都府・湯の花温泉「すみや亀峰菴」〉 150
涼やかなかんざらしと郷土食「具雑煮」〈長崎県・島原温泉〉 155
盆地を眺めて、〝貴婦人〟なシャインマスカットを〈山梨県・石和温泉「ホテル古柏園」〉 158

温泉蒸気料理＆〝完熟の湯〟で風邪が治った！
〈山梨県・石和温泉「旅館　深雪温泉」〉163

ゆったり読書三昧

まっ昼間から布団に入り、藤沢周平の世界に耽る
〈山形県・湯田川温泉「九兵衛旅館」〉169

ひとり散策、いと楽し

「日本一、浴衣が似合う温泉街」でそぞろ歩き〈兵庫県・城崎温泉〉175

1泊朝食「イチアサ」で、湯巡りに没頭〈群馬県・草津温泉〉179

至福のお湯に浸って

驚くべき効果が!!〝ガチ〟湯治体験
〈山梨県・下部温泉「古湯坊源泉館」〉185

本気の湯治場でも、ひとり気軽に泊まれる新玉川温泉
〈秋田県・新玉川温泉〉192

ひとり旅でも、時に、現地の友人と湯巡り
〈鹿児島県・妙見温泉「田島本館」／鹿児島温泉「城山ホテル鹿児島」〉 195

秘湯で、しっぽり

ひとり温泉歓迎「日本秘湯を守る会」 201
忘れられない絶景に会いに行く〈長野県・高峰温泉〉 205
眼精疲労回復!? 目に効く温泉〈新潟県・貝掛温泉〉 209
美しいお湯にうっとり〈岡山県・奥津温泉〉 211

プチ蒸発

ふらっと〝現実逃避〟するなら〈神奈川県・湯河原温泉〉 214

あとがき 219

ひとり温泉　おいしいごはん

第1章

ひとり温泉
旅の準備はここから

練達者〝寅さん〟に見るひとり旅の極意

映画『男はつらいよ　寅次郎ハイビスカスの花』のクライマックスのシーン。

季節は夏の暑い盛り。

寅さんがひとりでバス停留所に立ち、強い日差しを受ける。

目を細めた寅さんは、真っ青な空を見上げて「暑いね～」と、ため息をもらし、ひたすらバスを待つ。

そこに偶然、浅丘ルリ子扮するリリーを乗せたバスが通った。

「寅さ～ん、寅さんじゃない！　わたしたち、これから草津温泉へ行くの！　一緒に乗ってかない？」

「お～ぅ、そうか。な～んの、あてがあるわけでもねぇ～、行くかなぁ～」

満面の笑顔の寅さんは、いそいそとバスに乗り込んで、リリーと、その友人たちとともに、バスの中で大騒ぎ。そのままバスは走り去っていく。

寅さんのお調子者！　しかし、そこがチャーミング。

この身軽さ、フットワークの良さに目から鱗《うろこ》が落ちた。

まだ私が、ひとり温泉を存分に謳歌《おうか》できていなかった頃の話だ。

ひとり温泉を始めた頃は、事故がないように、失敗しないようにと、事前にスケジュールを綿密に立て、その通りに進めていた。ひとつ予定変更をしたら、スケジュールが崩れてしまう。だから気になる風景や出来事があっても、それは車窓からの眺めのように流れてしまい、途中下車することなどは一切考えずに、旅を予定通りにこなしていた。

実に真面目で、日本人的な美点ではある。

ただ全く面白みがない。計画通りの旅など、意外性がない。出会いも限られている。そもそも、この頃の私は、旅を謳歌したいという欲求はあったのか、疑問である。

旅は寄り道ほど、愉快な出来事が待っているではないか。

たまたま見た映画の中で繰り広げられる寅さんの旅のスタイルに憧れた。こんな風に旅をしたい。

目の前の事柄しか見えていなかった私には、寅さんが大人びて見えた。

ひとり寂しく歩く後ろ姿には哀愁が漂い、セクシーだった。ある程度、人生経験を積み、ある境地に立ってこそにじみ出る寅さんの余裕と色気。切なくも見えたが、それが大人というもの。

ゆとりある旅とは、時間と気持ちの余裕を指し、気になることがあれば立ち止まることができる度量がもたらすものなのだろう。

ひとり旅はただ気軽というだけでなく、愉しむ器量が問われるのかもしれない。

前作『おひとり温泉の愉しみ』を刊行して10年以上の時を経て、私もそれなりに経験を積んだ。急がずに、時を愉しむ余裕もできた。

今では、宿泊する宿くらいは予約を入れるものの、事前の計画は何となく程度。いつでも途中下車ができるようにしておく。

目的もなく、計画性もなく、気の向くままに動けるのがひとり温泉の醍醐味だとするのなら、その日の気分と天候によって、自分と相談しながら一日を決めていこう。

縛らずに、解放する旅である。

決められた名旅館の料理に舌つづみを打つ楽しみもあるが、土地の人が食す食材を探し、土地の人の調理法でいただく、おいしいごはんにありつける術も知った。

　そして、ひとり温泉は、お湯と語らう旅でもある。

　話す相手がいなければ、むしろ肌への馴染み具合や、刺激、匂いをじっくり感じることができ、自分とお湯の相性がわかる。相性のいい温泉が最も効果を発揮し、それを「マイ温泉」と私は言っている。


　さて、ひとり温泉ことはじめとして、準備から持ち物、宿選びから、そして私のひとり温泉の過ごし方をご紹介していこう。

ひとり温泉　私の5つのモットー

・気ままさ——スケジュールは組まない
①宿泊先だけは決めておくが、がちがちにスケジュールを組まない。
②気持ちがおもむくままに旅をする。
③情報収集は現地で。
　この3点は鉄則だ。

　もし近場を選べば、半日休暇で行ける気軽さもある。首都圏在住なら、箱根や熱海温泉、湯河原温泉を選べば、チェックアウト後に出勤も可能となる。宿によっては金曜の夜に宿に入り、2泊するプランもあるため、こまめにチェックだ。

・身軽さ――荷物も軽く

旅をしやすくするために、持ち物は軽く。手ぬぐいや着替え程度は当たり前だが、道中に彩りを添える道具は必要だ。

おすすめは広げられる大きな地図と文庫2冊。

グーグルマップも使うが、広域な紙の地図を見る方がその土地を理解しやすい。それに温泉宿では電子書籍より、紙の本が情緒という点でマッチする。

・静けさ――時期を選ぶ

旅先の繁忙期は避け、静かなオフシーズンを狙う。

ハイシーズンが混みあうことは言わずもがなだが、ひとり温泉で最も避けたいのが団体旅行。温泉街をそぞろ歩きするにも、共同湯巡りも、やはりのんびりできるオフシーズンがいい。

もちろん土日祝祭日よりも例えば金曜泊、あるいは日曜泊など、できる限り静かに過ごせる時期を選びたい。

・しっぽりとしたあたたかさ――宿の規模を選ぶ

気ままなひとり旅ではあるが、事前に宿だけは決めておく。

もしひとり温泉に慣れておらず、特に初心者の場合は、客室数の少ない宿に泊まる。１００室規模の大型旅館ではなく、20室程の小規模宿を選ぶ。大型旅館はどうしても人で賑やかだし、家族連れのお客も多く、ひとり客はやや疎外感を覚えてしまうから。それに館内の移動距離もある。

例えば、「日本秘湯を守る会」という宿泊施設グループがある。

宿は簡素で素朴。小規模で土地の家庭の味風な料理を出してくれる。ただお湯は本物。基本的に自家源泉を有し、泉質の異なる源泉を数本持つ宿もある。そもそも温泉好きはひとりで旅して湯を味わう傾向にあるようで、このグループの宿はそのようなひとり客を受け入れてきた経験もあり、以前からひとり旅プランも充実していた。

・おいしさ——ごはん情報は移動中にWebリサーチくらい

1泊2日の旅なら食事はトータル4~5回。旅館に宿泊する場合は夕食と朝食の2回分は決められているから、残り2回か3回。どこで食べるかは慎重になる。お昼ごはんの候補の店、宿で食事を摂らない場合の夕食の店などは、移動中にWebで数軒をリストアップした上で、現地に入り、店を決めていく。情報収集するのは、宿の人、お土産物屋さん、共同湯で出会った人。旅先で出会う人に尋ねると、その土地の素顔が見えてくる。鼻を利かせるのが重要だ。

宿で夕食をつけず、地元のスーパーに寄って土地の食を購入し、部屋でしっぽりひとり酒も、実に愉快である。

ひとり温泉　私の9つの持ち物

いつもの旅のスタイルは、大きめのキャリーバッグに全てを詰めて、貴重品は肩からたすき掛けにしたバッグに収納。1泊で、中がガラガラでもキャリーバッグを使う。理由は後で述べよう。

【文庫と地図】

持参する文庫は2冊くらい。

目的地周辺を取り上げている本、例えば司馬遼太郎の『街道をゆく』（朝日文庫）は行きに読み、他には読み切れる短いエッセイ集をよく持参する。好みで言えば幸田《こうだ》文《あや》、向田邦子、高峰秀子、武田百合子。さらには何でももりもりと食べたくなる平松洋子さんの珠玉の食エッセイ。美味佳肴を求める旅を描いた宇能鴻一郎《うのこういちろう》『味な旅　舌の旅』（中公文庫）に影響されて、「食」の旅に出たことが何度かあるが、旅先で読むのもおすすめ。

もうひとつ必要なのは地図だ。バスやローカル線で移動中に地図を広げて、行く先々に想いを馳せる。アナログだと思われそうだが、それはあえて。豊かな旅へと彩っていくためには土地に想いを馳せる道具が必要なのだ。

【レターセット】

レターセットの中身は、季節にあわせたハガキと切手と使い慣れたサインペン。ハガキは春先なら桜やつくし、梅雨は紫陽花、盛夏なら風鈴やかき氷やスイカ、秋なら紅葉やきのこ、冬なら牡丹や鍋。絵のないシンプルな物も用意している。

全国各地の郵便局には、その地域の名所旧跡を描いた風景印という消印がある。

旅先で風景印を用意している郵便局へ立ち寄ることができれば、それを押してもらってハガキを出すことも。

【手ぬぐい】

私は手ぬぐい好きだ。速乾性に優れた日本手ぬぐいは、温泉巡りに便利この上ない。次の温泉への移動中にバッグの上に載せておくだけで乾いてしまう。

手ぬぐいには四季それぞれの柄があるので、春には桜、秋には紅葉など、季節に合わせて楽しむのもちょっと気分が上がる。

海外に行く時のお土産は日本手ぬぐいと決めているが、とても喜ばれる。

【ハッカ油やアロマオイル】

スプレー式のハッカ油の小瓶を持ち歩く。飛行機や新幹線はとても乾燥しているからマスクをつけるが、マスクにひとかけ。ミントの香りは酔い止めになるのだ。

アロマオイルは元気を出したい時には、オレンジやグレープフルーツ、レモンなど柑橘系の香りのものを、心を落ち着かせたい、安眠したい時などはラベンダーを使う。ミントとレモングラスの香りは虫除けにもなるため、山のいで湯に行く時は洋服に香らせたりもする。

【ミニ（エコ）バッグ】

キャリーバッグの中には、必ずナイロントートやエコバッグを忍ばせる。

近年、温泉土産に土地の野菜を購入することが多い。朝市や道の駅などに行くと、朝採れの品や土地の人が食べるおやつなどが並ぶ。これらを買い込み、エコバッグに入れてキャリーバッグに収納する。だからキャリーバッグが便利なのだ。

【保湿クリーム】

荷物をコンパクトにするため、シャンプーやリンスは宿の風呂に常備されているものを使う。

髪のトリートメントとスキンケア商品はミニボトルで持参する。

入浴後は肌が乾燥しがちになるので、保湿成分たっぷりのボディクリームは必ず持ち歩く。

【軽くコンパクトな布モノ】

心が華やぐ小物や自分の好きな柄の小さな風呂敷を持ち歩く。京都で購入した小風呂敷は、お風呂に行く時の下着入れとして重宝する。浴衣に下駄姿で湯巡りする時に小風呂敷を抱えていると、気分が上がる。

あるいは好きな柄の大判のストールを代用したりもする。ストールならちょっと肌寒い時や冷房除けに、カーディガンがわりに羽織れる。

軽くコンパクトな布モノは使いやすい。

【おまけ】　ひとり写真の撮り方

私がひとり温泉を始めた頃は、自撮り棒という便利な品はなかった。だから基本的には工夫あるのみ。

利き手である右手をめいっぱい伸ばして、自分の顔と風景を同時に撮る。右手を少し上方向に伸ばして、右上から自分の顔と後ろの風景を入れ込む。1枚の写真に伝えたい要素全てを入れるための場所選びが大切だ。

宿滞在で大切にしたい6つのこと

①深夜の入浴の愉快

ひとり温泉だからこそ、好きな時間に好きなように、お湯とたわむれたい――。

私の至福の入浴タイムは、深夜だ。

旅館に泊まると、深夜2時半頃に目が覚めることがある。

布団から出て、乱れた浴衣を整える。

寝ぼけ眼《まなこ》で、スリッパを「ぱたぱた」と鳴り響かせ、木造建築の旅館なら、歩く度に「きゅっ、きゅ」と音が響く。静けさの中で、自分が立てる音だけが聞こえる。

脱衣所に行くと、誰もいない。

浴場の扉を開けただけでもふわんと湯気が漂う。

かけ湯をして身体を熱い湯の温度に馴染ませてから、お湯へと浸かる。

「ざぶ〜〜〜ん」

お湯の上澄みが熱く、湯船の底の方は適温である。かき混ぜずに、あえて上澄みのフレッシュなお湯をしばし感じる。

この湯をひとりじめできていることが嬉しくなり、にやにやと頬が緩む。

部屋に戻り布団に入ると、すみからすみまで全身が温まっていて、すっと眠りに落ちた。

このように深夜の入浴を体験されたい方は、事前に入浴できる時間帯のご確認をお忘れなく。

②温泉と語り合える環境

「私は温泉と会話ができます」

「温泉が私に語りかけてくれるのです」

と言うと、まずきょとんとされて、まじまじと顔を見られる。その眼差しは尊敬か、奇異か。

温泉と語ることができるのは、入浴中も入浴後もひとりだからこそ。

入浴中、湯上がりと肌の変化を敏感に感じ取れる。入浴後には肌を触って、入浴前と入浴後の違いを確かめてみて欲しい。

人によっては貸切り風呂に籠って語りたい方もいるだろう。大浴場でもOKな人もいるだろう。

一般的に露天風呂が人気だが、案外、木造りの共同湯もいい。

いい音がする、匂いも強い。

私は入浴すると、まず両手でお湯をすくい上げ、お湯に向けて「ありがとう」と語りかける。こうした一連の動作で周囲から冷たい視線が注がれることがたまにある。

③ひとりの食事を愉しむ

＊カウンター席のある宿を選ぶ

ひとり温泉では、食事の時が悩みの種。これだけひとり温泉を経験した私でも、いまだに困ることがある。

それは話し相手、目のやり場、騒音である。

最も困るのは、大宴会場にぽつんとひとりで座らされること。しかもよりによって席が中央近くにあり、周りは車座での大宴会。食事を楽しむどころか、騒音が気になり、おまけにはみ出し者の気分で寂しくなる。これが最悪なパターン。

いまでは宿側の受け入れ環境の改善で、このような状況はさすがに少なくなったが、予約の時に、念のため確認した方が安心だ。

近年は、ひとり客に対して、2パターンの食事形式が多く見られる。

まず客室に食事を運んでくれるパターン。

この場合、テレビを見ながら、あるいは携帯をいじりながらになりがちで、やや風情に欠ける。さらに鍋などが供された時には、客室に食事の匂いが残ってしまうから、私はあまり好まない。

次に多いのは、大きな食事処をパーテーションなどでひとり客用に区切ってくれるパターン。

ありがたいと言えばありがたいが、壁を見ながらの食事になることが多く、やはり味気がない。

近年は半個室風の部屋を用意してくれることが多くなったが、それでもひとり温泉において、さらに嬉しい食事環境がある。

最も居心地がよかったのは、カウンターでの食事だ。調理人が適度に話し相手になってくれる。土地の食のことを知り尽くしたプロとのちょっとした会話は、その土地への興味を抱けるし、愛着も湧く。そう言えば、女性ひとりということで何かと気にかけてもらったことが、嬉しかったなぁ。

静岡県北川温泉「吉祥CAREN」鉄板焼きレストラン「青竹」では、大きな鉄板に沿ってカウンター席が並ぶ。

目の前の駿河湾で獲れた活きのいい伊勢海老を熱い鉄板に載せると、ぴょんぴょん跳ねる。料理人が押さえつけ、じっくり焼く。薄茶色だった伊勢海老が徐々に赤くなっていく。その様子を見ながら、「ごめんなさいね、おいしくいただきますからね」と心の中で呟く。命をいただけることのありがたみを噛み締めて、食す。

デザートではフランベをしてくれる。目の前で燃え上がる炎を眺めながら、食事を楽しめるのも一興。エンタメ要素の強い鉄板焼きはひとり温泉を飽きさせない。

他に、鉄板焼きがある温泉宿で記憶に残るのは、別府鉄輪《かんなわ》温泉「山荘　神和苑《かんなわえん》」。レストラン「楓」には鉄板が2か所あり、7～8人が前に座れる鉄板は家族連れが利用し、私は5席ほどの小ぶりの鉄板の方で、それも窓側の端の席だった。高台にある「神和苑」は、別府湾と湯けむり上がる鉄輪の街並みが見下ろせる。肉を焼くショーとも言える鉄板焼きの愉しさに加え、ふと横を向けば海を眺められ、贅沢な時間だった。

ちなみにここの朝食会場からは能舞台と手入れの行き届いた庭園が見える。ひとり温泉で、食事相手がいないゆえの間がもたない、あの居心地の悪さを、一度も感じなかった。

＊美しい景色が食事のお供の宿を選ぶ

話し相手がいないということは、意識は食事に行く。そして風景があれば視線はそちらへ。

宮城県「峩々《がが》温泉」は、夜になると蔵王の山々がライトアップされる。30席ほどの食事処のなかで、ひとり客には窓際の席が心地いい。

雪深い蔵王の山の、春の訪れを見るのが好きだ。いままで雪の下で春が来るのをずっと待っていた植物たちが一斉に芽吹く。そのエネルギーのおすそ分けをしてもらえそう。

夜の山もしっとりしていていいが、春の植物が芽吹く早朝から日中にかけての山の姿を眺めながらの朝食も、心身に新鮮な風が吹き抜けるようだ。

ライトアップと言えば、箱根の宮ノ下にある改装前の「富士屋ホテル」で見た光景も忘れられない。

日本国内で初めての外国人観光客用に造られたホテルが「富士屋ホテル」というのは、周知の事実だろう。ホテルの敷地内には、外国人観光客を意識した美しい木造建築の「花御殿」があり、「富士屋ホテル」のメインダイニングからは、ライトアップされたこの「花御殿」が眺められた。

ひとりでこのメインダイニングで食事をした晩のこと。夜空に月が浮かび、月光に照らし出された木造建築の美しさが際立ち、料理もぐんとシャープな味わいになった。

近年のひとり温泉ニーズに応えて、最近は窓に面したカウンター席を見かけるようになった。例えば、神奈川県の箱根湯本温泉「はつはな」の食事会場「花笑《はなえみ》」では、渓谷を前にカウンター席が用意され、私はここで食事を摂った。朝食らしい優しい味わいで、地元のフレッシュな秦野野菜がふんだんに使われていた。何よりも目の前に広がる渓谷の緑一色に、目を奪われた。ただただ緑を眺めながら食した。

最近、私は素泊まりで宿を取ることもある。

地方都市での名店を愉しんだ後に、宿に入るのだ。記憶に新しいのは新潟市の駅から徒歩5分、新潟日報が入るメディアシップビルの19階にある鉄板焼き「FRENCH　TEPPAN静香庵」。カウンターの席から一望できるのは、日本海に浮かぶ佐渡島とその手前の新潟市の街並み。夏の夕暮れは特にダイナミック。夏の蒸気がレンズの作用をするからだろうか、空一面がピンク色に染まり、息をのむ。景色もまたご馳走だった。

④地域を知ることができるライブラリー

ライブラリーもあると嬉しい。

私が読書が愉しくなった空間は大分県の「由布院《ゆふいん》　玉の湯」のロビーラウンジだ。自然のままの雑木林が広がり、テラスには白いテーブルセットが置かれ、テーブルには色鮮やかな季節の小花が飾られている。暖炉もある。湯布院は高原なので、冬に雪が積もることがあり、春先の夜も肌寒かったりする。この暖炉の前でクッキーとコーヒーを片手に活字を眺める至福。ぱちぱちと木がはぜる音を聞きながら、暖炉からのじんわりとしたやわらかい熱に包まれると、読書どころか眠気に誘われることも、ままある。

宮城県「寂々温泉」。エントランスから続くラウンジには大きな窓があり、いつでも蔵王の山並みが眺められる。その一角に、暖炉とともにライブラリーがある。暖炉で燃える炭と淹《い》れ立てコーヒーの香りがするラウンジでのひと時を過ごせる。

ライブラリーと言えば、もう一軒、兵庫県有馬温泉の「御所坊」も挙げよう。関西の文化人御用達の宿で、1923年の関東大震災後に神戸に引っ越した谷崎潤一郎も通っていた。谷崎が執筆を行った部屋は、いまでも客室として泊まることができる。

近年、好環境で本が読める宿が多数できているが、心奪われたのは長野県蓼科《たてしな》温泉の「蓼科親湯」だ。柳澤幸輝社長の読書好きから始まっていて、館内の蔵書は全3万冊というから、驚く。もちろん柳澤社長の蔵書も含まれているが、単なる個人的趣味ではない。

4代目となる柳澤社長は旅館の事業承継だけでなく、蓼科が生み出し、積み上げてきた文化的価値を受け継ごうという意思がある。

そのため柳原白蓮《びゃくれん》や伊藤左千夫などの書が各所に掲示され、ガラスのショーケースには明治、大正、昭和初期の宿帳が収められていて、宿の歴史が示されている。太宰治、幸田文といった蓼科にゆかりがある文人10人をモチーフにした客室もあり、私は大好きな幸田文の部屋に泊まった。名著『闘』が飾ってあり、幸田文全集も並ぶ。

蓼科で執筆された作品は一般的には『蓼科文学』と言われるが、蓼科では『山浦《やまうら》文学』と呼ばれている。この山浦文学に惹かれて、晩年の多くの時を過ごし、ここで脚本を書いた小津安二郎もまた、蓼科親湯温泉の常連だった。

蓼科の「親湯温泉」は、土地の歴史を知ることができる唯一の場所であり、地域の〝顔〟の役割を果たす、意義深い宿である。

旅先のライブラリーで最も欲しいのは郷土本だ。その土地の人の知恵が詰まった郷土本は、旅を豊かに導いてくれる。

静岡県の湯ヶ島温泉のことを記した『天城の山の物語』（俳句研究社）を初めて読んだのは、湯ヶ島の温泉宿「白壁」に宿泊した晩のこと。

「湯ヶ島を知るのなら、この1冊が参考になるわよ」と、女将に貸していただき、名物わさび鍋を満喫した晩に読みふけると、天城峠の麓でわさびを名産品にした、ひとりの男の成功物語に愛《いと》おしさが込み上げ、わさびを土産に購入した。

湯ヶ島温泉でもうひとつ。

文豪・井上靖の『しろばんば』は、彼が湯ヶ島で幼少期を過ごした思い出を綴った作品だ。舞台は昭和初期の湯ヶ島温泉。湯ヶ島集落の入り口には、都会からの客を乗せた馬車が停車し、井上靖をはじめとする子供たちは、それを見に行く。観光客から都会の空気を感じるためだった。子供たちは停車場で仲良くなれそうな客を探して宿まで案内し、都会の話を聞かせてもらう。その話がいかに魅力的だったかを、井上靖は記している。

そんな『しろばんば』の舞台は、いまも湯ヶ島に文学散歩のルートとして残っている。当時とあまり変わっていないであろう湯ヶ島の町を歩くと、昭和初期にタイムスリップしたようだ。

「白壁」で『しろばんば』を読んで以来、湯ヶ島温泉へ向かう道中、東京駅発の修善寺行き「踊り子」号の車内では『しろばんば』を読むようにしている。すると現地に到着した頃は、物語の風景が広がってくるのだ。

⑤安心して、ひとり酔えるバー

夜は、ひとりバーへ。

私は酒豪と勘違いされることが多いが、全くの見かけ倒し。宿のオーナーはたいてい私と酒を酌み交わそうという期待値が高いので、「あまり飲めないんです」と申し上げるのはいつも心が痛む。

ただお酒に強くなくとも、湯上がりで、いい気分になると一杯飲みたくなる。物思いに耽りたい時や夕食の時にお酒をいただくよりも、夕食を終えてお風呂に入り、休む前に一杯、というのが理想だ。

最初にその楽しさに目覚めたのは、これまた「由布院　玉の湯」だった。「ニコルズバー」は、C・W・ニコルさんのリクエストによって、作られたそうだ。「ニコルズバー」に初めて行った時、センノキの一枚板カウンターの前に腰かけた。アルコールを弱めにと頼むと、特別なカクテルを作っていただいた。好みだけ言って、あとはお任せ。ラズベリーのカクテルが出来上がった時には気持ちが高揚した。

作ってもらう間、バーテンダーが湯布院の話をしてくれた。

湯布院の四季が美しいこと、冬にはたまに雪が積もること、春先はクレソンの可憐な花が咲き乱れて美しいこと、などなど。

湯上がりのほろ酔い気分が、どれほど心豊かにさせてくれるか。

それ以降、日常生活ではほとんどお酒を飲むことがない私も、旅先では、その土地の四季の風景を想像しながらひとり酒を楽しんでいる。

温泉宿のバーで思い出すのは、昭和の文豪・大佛《おさらぎ》次郎が『帰郷』を執筆した、神奈川県塔ノ沢温泉「福住楼《ふくずみろう》」だ。ここには「BAR帰郷」がある。かつてはビリヤード場だったそうで、赤い絨毯が敷かれ、ガラス窓は黄色、赤、緑のステンドグラス。古き良き昭和の重厚な風情が漂う。

⑥お礼状を書く

もうひとつ、私が大切にしていることがある。

直筆の手紙である。

そもそも、旅先で出会った感動を誰に伝えればいいのか。

その場で直接語る相手はいなくとも、友人、仕事仲間、お世話になった方々など、語りたい相手はたくさん浮かぶ。その人たちに手紙をしたためる。

とはいえ、決して凝った文面にしなくてよい。

前略
◯◯温泉よりこんにちは。いま、××の景色を見ながら便りをしたためています。今日の△△の味は絶品、湯は濃厚。とくに□□を貴女におすすめしたいです。お出かけください。
いつも気にかけていただきまして、ありがとうございます。感謝をこめて。
かしこ

内容は、その旅で感動したワンポイントと、謝辞のみ。大きな文字で書けば、このくらいの文字量で1枚のハガキはいっぱいになる。手紙だと、時候の挨拶に加え、長い文章を書かねばと気張ってしまうが、ハガキなら短い言葉で綴れる。

それでも、文字を書くのが面倒な人は、観光名所や温泉宿に置いてある判子を押して、余白に一言添えるのはいかがだろう。これならもっと気楽だ。

礼状のタイミングは難しい。その都度、したためるのが礼儀であることは百も承知だが、バタバタと時が過ぎていく日常の中で、私はひとりひとりの顔を思い浮かべて、言葉をしたためる余裕がない。

だから旅先で、心の中の「ありがとう」を文字にする。

うまい文字である必要はない。もし文字が下手なら、下手なだけ、そこに不器用さが滲みだし、味のある手紙となり、もらった人は愛おしさを感じるものだ。と、悪筆の私は信じている。

旅先で手紙を書くようになったきっかけは、ある宿のオーナーの言葉だった。

「あなたはたくさんの魅力的な人と出会うでしょう。旅先から手紙を出しなさい。一言でいいんですよ。手紙で繋がる縁って、あってね。私は手紙で様々なお客さまと宿を繋げてきました」

私自身も旅先からハガキをいただければ嬉しい。まして電子メールやSNSがこれだけ普及した現代では、届けた相手の記憶に刻まれて、心の距離が近くなる。

実は、生前の父にもよくハガキを出した。ちょっとした風景描写、出会った人、おいしかった食事などなどの言葉を並べ、末尾には「また旅行に誘うね」で締めた。父が亡くなった時、ベッドの下から紙袋いっぱいに入ったそれらが出てきた。旅先からこんなに送っていたのか、それを枕元で父は眺めていたのか。旅先から投げかけた言葉は父に届いていた。

リスク回避の宿選び

ひとり温泉ではなんでも自分で対応をしなければならない。

女性のひとり温泉が市民権を得たとしても、危険がつきまとうことは否《いな》めない。こんなにも日常的にひとり温泉をしている私でも、要所要所は気をつける。フレンドリーさを前面に出さない。表情も、その時々の状況次第で使い分けている。周囲の空気には敏感になり過ぎるくらいが、ちょうどいい。

リスクヘッジという点で、ひとり温泉において最も大切なのは信頼できる宿探しだ。旅先で頼ることができ、確実な最新の土地の情報を持つ人は宿のみなさんだ。いまはＷｅｂで簡単に情報を得られるが、やはりそこで暮らす土地の人の勘なども含め、人から聞いた情報を私は最も信頼する。

私は国内外問わずひとり旅をするが、幸い盗難や詐欺などの大きなトラブルに見舞われたことはほとんどない。

ただ大雪に遭遇したり、体調を崩したことはままある。

あれは15年程前だったが、冬の能登半島の和倉《わくら》温泉でのチェックアウト後、大雪のために空港が封鎖されたことを知った。この日、どうしても東京の自宅に戻る必要があったため、結局、陸路にしたが、電車も減便されていて、駅の電話が通じない。そうした時に、宿に待機しながら次の手を考えられたので、寒さを感じることなく、落ち着いて、判断を間違えず、無事に帰路につけた。宿のご好意には本当に感謝している。

こんな経験から、ひとり温泉をこれから始める方には、小さめの宿を選ぶことを薦めたい。１００室ある大型旅館よりも50室以下がよい。20室程度の宿を選ぶと、家族で営む場合が多く、ご主人と女将、他のスタッフはご近所のおばちゃんたちだったりするから、土地の情報をよく持っており、顔が見える分、困ったことを相談しやすく、知恵を貸してくれる。

とにかく、なにかと安心なのだ。

はじめての「ひとり温泉」に適した宿

・はじめてならここ！

群馬県伊香保温泉「洋風旅館ぴのん」

フレンチ洋食を浴衣とお箸で楽しむことをコンセプトにした群馬県伊香保温泉「洋風旅館ぴのん」が出来たのは１９９７年。14室からのスタートだった。

１９９７年と言えば、旅館がこぞって大型化して団体客で儲けた時代。そんな時期に女性をも意識し、ひとり客を想定した宿づくりとは実に斬新である。

現オーナーであり、女将の松本由起さんが、自分が泊まりたいと思える宿作りをしたと教えてくれた。

「留学先のイギリスでは、大勢の旅でもみなさんひとり一部屋でした。ひとりで２泊してエステ三昧なんていうキャリアウーマンもいました。そうしたイギリスで見た経験を活かして、うちのターゲットにしたのです。また、私がフランスへひとり旅をした時に、客室に男性が入ってきて怖い思いをした経験もあります。ですから、お布団敷きの和室などではなく、部屋に誰も入ってこない仕組みにしたかったのです。それにひとりでいつでも気ままに寝っころがれるには、ベッドが良いですしね」

旅館料理と言えば和食しか考えられなかった時代に、フレンチを意識した洋食を提供したことにもわけがある。

由起さんの曾祖父母が「日比谷　松本楼」で修業し、後に伊香保温泉の石段で「西洋御料理　松本楼」を創業した。「ぴのん」が浴衣で洋食というコンセプトになったのも、そのルーツによる。

当初は、「ひとり旅を応援するため、全室ベッド化」「食べ切り料理」「英国にこだわりBGMもビートルズ」「地元の作家に壁画や絵を依頼し、アンティーク調に」を心がけた。

現在は手頃な価格帯で、食事はフレンチ風懐石。ひとり客、カップル、小人数大歓迎。シングルルームがあるのも気兼ねしなくていいし、嬉しい。

長年の経験から受け入れも、実に手慣れている。

「おひとりのお客様は広いお部屋に泊まるのは、少し引け目があるようです。ですから『ぴのん』や姉妹宿の『松本楼』にはシングルルームが6つずつあるので喜ばれます。おひとりでもお食事も愉しんでいただけますように、席の配置を考え、お話し相手になるようお声がけもします。いま取り組んでいる「ハーフ懐石」も、当初はフードロスを考えての策でしたが、女性のひとり旅ですと、食事を分け合えないので、食べないと罪悪感が残ってしまうという方に好評です。旅のサポートもさせていただいております」

ひとり温泉で、引け目を感じさせない心遣いをするあたり、さすがである。

さらに、宿の静けさを保つために2022年から中学生未満の子供客は断るようにした。4つの貸切風呂は24時間開いており、いつでも入れる。

ひとり温泉にはパラダイス！

「コロナ蔓延中はシングルルームから埋まりました。お客様に『ひとり部屋を作ってくださってありがとうございます。旅館にはなかなか泊まれないので、本当にありがたいです』と言っていただけます。日本もやっと30年前のイギリスみたいになってきたと思いました」と由起さんは微笑んだ。

福島県土湯《つちゆ》温泉「ＹＵＭＯＲＩ」

２０１８年末にオープンした「ＹＵＭＯＲＩ　ＯＮＳＥＮ　ＨＯＳＴＥＬ」は、自炊もできる素泊まりの宿。旅館に泊まるゾ、という気張る感じが全くいらない。

素泊まりプラン５２００円〜というお手頃感。30室ある客室は６タイプに分かれ、サービスはセルフ。食事も出さないゲストハウスだから、安価で利用できるのだ。「ＹＵＭＯＲＩ」の顔とも言えるロビーには、ゴロンと寝ころべるソファーと旅心をくすぐる本が並ぶライブラリーが備えられ、外から光が差し込むリラックス空間。またロビーにはシェアキッチンもあるため、調理ができ、お客さん同士で料理を作り、シェアしながら夕食を摂ったりしていた。カフェやバーも併設されている。帰ってこられる「家」をコンセプトとした狙いが当たっている。

もちろん大浴場に貸切風呂もある。

このような温泉ユースホステルを作ったのには経緯がある。

東日本大震災以降、土湯温泉はそれまで16軒あった旅館のうち６軒が廃業や休館に追い込まれた。廃業した宿は、震災直後は復興のための作業員の宿泊施設として使用されていたが、「その役割も終わり、これからどんな宿にしようかと構想を練っている時に、思い浮かんだのが、『もっと若い人にも気軽に温泉旅館を愉しんで欲しい』ということでした』。そう語るのは、東日本大震災の後、ふるさとのために力を注ぎたいという想いを胸に、土湯温泉に戻ってきた渡邉利生《りお》さんだ。

いまや30カ国以上から外国人観光客が訪れ、大学生や女性のひとり客も多く、幅広い層から支持される。人気宿となった「YUMORI」を訪ねると、朗《ほが》らかな渡邉萌マネージャーが迎えてくれる。親しみやすい萌マネージャーに会いにくるお客さんも大勢いる。萌さんは利生さんのお姉さん。カジュアルな装いの萌さんは、旅館でもてなす女性の新しいスタイルを目指して、お客に寄り添おうとしている。ちなみに姉妹宿「山水荘」はいわゆる温泉旅館である。

仕事帰りもOK！　近隣の温泉で楽しむ「ひとり温泉」

先述の群馬県伊香保温泉「洋風旅館ぴのん」の女将・松本由起さんがこんなことを言っていた。

「おひとりの女性のお客様は、リフレッシュしたい主婦やキャリアウーマンが多く見受けられます。男性のおひとりのお客様は、ビジネスで来て、少し足を延ばした方も多いように思います」

男女共に、多忙極める人なら、丸2日も休みを取ってのひとり温泉はままならないだろう。

最近、私は出張帰りや、仕事前に1日お休みにしてひとり温泉を計画するし、あるいは部分的に4~5時間のひとり温泉を楽しんでいる。

わざわざ有名温泉地まで足を運ばなくても、地方都市の近くにもひとり温泉がしやすい宿はあるものだ。

例えば、仙台からJR仙石線に乗ると20分で宮城県松島温泉に着く。「ああ、松島や~」の松島なのだ。ひとり客歓迎の宿もある。

日本一空港に近い温泉がウリの北海道湯の川温泉は、函館空港から車でたった5分。JR函館駅からは市電で約30分。私はここでの宿は素泊まりにし、夕食は地元の寿司屋さんで愉しむようにしている。

湯処秋田県では、実は秋田駅からバスで20分のところに「秋田温泉さとみ」という宿がある。すっきりとした甘さの秋田名物「ババヘラアイス」を売店で購入し、糖分補給しながら入浴を繰り返したことが、心地よかった。

あなたの身近に温泉を!

第2章

ひとり温泉
タイプ別マイ温泉を見つけよう

あなたはどのタイプ？

ひとり温泉は、いくつかのタイプに分けられる。

本章では、5つのタイプに分類してみた。それぞれがどういう特徴を持っているかをご紹介するので、好みのタイプを見つけて欲しい。それにより、宿の選び方や旅のルートなどを考えると、より豊かなひとり温泉が待っている。

さて、あなたはどのタイプ？

1　とことんひとりになりたい

ひとり温泉を実践している人たちを見てみると、大きな傾向として、職場や家族、社会など、日常生活で接する〝人〟に疲れているため、「ひとりになりたい」という欲求が強い。

こういう人たちは「とにかく日常から離れたい。人からも距離を置く時間が欲しい」と願う、いわゆる「ほっといて欲しい。とことんひとりになりたい」タイプだ。

＊岬の突端にある宿

お相手は海の景観となる温泉をご案内しよう。
和歌山県南紀白浜温泉「浜千鳥の湯　海舟」は、太平洋の大海原に夕日が沈む景色が染み入る。

それは宿が岬の突端にあり、岬すべてが宿になっているから。宿のどこにいても海を眺められる設《しつら》えは、海好きにはたまらない。

特に露天風呂からの景観は大迫力で、潮風を全身で受けることができる。かつて八咫烏《やたがらす》の夫婦が愛を深めたという伝説が残っている。夕暮れの海の景色が、さぞかし愛を盛り上げたことだろう。

一番大きな露天風呂の他に、ひとりでしみじみ入浴したいなら貸切風呂へ。

また紀州と言えば、梅の産地。梅酒作りで使われた樽が湯船で、大人ひとりが身体ごとすっぽり入れる樽湯船は、大きくしっかりした樽に包まれている安心感を与えてくれる。樽湯船の周りには梅干しの種が敷かれていて、湯船に行くまでに足裏を刺激するのも面白かった。温泉で温まった湯上がりに足裏を刺激するのも、これまた良し。温泉の温熱効果と足裏マッサージ効果で、より身体が温まる。

お風呂だけでなく、食事処でも大海原を楽しめる。カウンターが海に面しているので、海を眺めながら食事ができるのだ。

かつて、「海舟」にはひとり部屋があった。海に面した角部屋で、部屋の2面が大きなガラス窓になっていて、下を見ると断崖絶壁。私が宿泊するのはこの部屋だった。岬の突端にあるひとり部屋は、窓に面した位置にひとり用のリクライニングソファーが置かれている。ソファーに座り、刻々と変化する夕暮れの海の表情、空の景色を眺めるのが、何よりの〝ご馳走〟。ただただ海を見ているだけで、あっという間に時間が経つ。今は現存しないようで、残念。

本格的なスパトリートメント施設にはメンズ用のコースもあるので、女性だけでなく、男性のひとり温泉客もいかが。

この宿には「夜鳴きラーメン」のサービスがある。毎晩、22時になると、フロント脇のカウンターで提供される。通常のどんぶりの半分のサイズだから、夕食を食べても、夜鳴きラーメンくらい入る。無理なくいけるサイズ感も嬉しい。

かくいう私も、夕食で満腹になったのでとても無理かと思いきや、ふらふらと出ていき、ラーメンの匂いをかいで食べたくなり、結局、麺を少なめにしてもらって、完食できた。この夜鳴きラーメンは、無料のサービス。

2　時にひとり、時に賑やかにしたい、ちょっと寂しがり屋

温泉宿にたどり着く道中はひとり、部屋でもひとりで過ごしたい。けれども、すべてひとりっきりだと寂しすぎる。せめて、宿では多少の話し相手が欲しい。ひとりの時間とひとりでない時間を、その時の気分で選びたい。

そんなひとり温泉を求める人には、アミューズメント要素が盛りだくさんな愉快な宿をご案内。

＊盛りだくさんの催し

静岡県　北川温泉「吉祥ＣＡＲＥＮ」

愉快な宿「吉祥ＣＡＲＥＮ」のスタッフは、お客さんを驚かせてくれる仕掛けの名人たちで、催し物好きだ。すべてに参加しようとすると、次のようなタイムスケジュールになり、大忙しに。

まず、午後2時にチェックイン。

午後2時半からは鉄板焼「青竹」にてパンケーキを食べる。

お風呂で一汗流すと、16時からはビアタイム。お風呂をあがってすぐのサロンに

ビールサーバーが置いてあり、好きなだけ飲める。

夕食前には、海岸沿いから離れた高台にあるCARENから、北川温泉の海岸沿いにある本館の「つるや吉祥亭」へと移動。この時には、宿が出しているシャトルバスを利用して、本館のお風呂へ。本館は海岸沿いにあるため、より潮風を近くに感じる。本館からは波打ち際にある黒根岩露天風呂へも近い。本館にも多くのお風呂があるから、お風呂巡りでもいい。また本館にはつるや甘酒横丁と称する一画があり、おもちゃのお金を使ってテキヤコーナーなどで遊ぶことができる。

20時半からは、夜のおやつタイム。

こんな感じで、常に無料で参加できるイベントがあるのだ。

ひとり温泉でも、こうしたイベントに参加すればあっという間に時が過ぎる。

「浜千鳥の湯　海舟」同様、こちらも海に面した宿で、紺碧色の海を見下ろす高台にある露天風呂が、目玉でもある。

露天風呂の中で一番海側の湯船に腹ばいになり海を眺めると、海に飛び込めるような、海の上を飛んでいるような気分になるのだ。

愉しむ機会が多岐にわたり、その時の気分次第で選べるのが良い。

＊ひとり温泉街をそぞろ歩き、宿の催しにも参加

石川県　山中温泉「吉祥やまなか」

深く刻まれた渓谷に架かる「こおろぎ橋」など数々の橋自体が立派な景勝地。あの松尾芭蕉も愛した温泉地として知られる、北陸3大名湯のひとつが山中温泉だ。温泉街は浴衣を着て、カラリコロリと下駄を鳴らして歩くには、ちょうどいい規模である。

伝統的な湯小屋形式の共同浴場「総湯」へ行けば、地元のおじちゃん、おばちゃんたちが入浴している。

街中にはおしゃれな九谷焼が並び、店先にはとりわけ高額な九谷焼が展示されているが、箸置きやストラップなどの安価な日用品も並び、手にしやすい。

そんな温泉街のはずれに、「吉祥やまなか」がある。「つるや吉祥亭」と同系列で、やはりサービスが盛りだくさん、あれこれ選べるシステムは同じだ。

ロビーではコーヒーやビールがフリー。

季節によっては、毎晩玄関奥のフロントでお茶屋遊びが行われる。

まずは伝統の山中節の三味線の音色に合わせて踊りを披露してくれる。続いて芸妓さんがお座敷じゃんけんを体験させてくれる。じゃんけん体験のあとは、みなで

踊る。

芸妓さんを目の前で見た興奮と、一緒に写真を撮ることもできるので、温泉地の夜が彩り、盛り上がる。ふんわりとした甘いおしろいの匂いも忘れられない。

その時の気分で参加できるというのが、実に気楽だ。

＊お祝いの宿

「つるや吉祥亭」と「吉祥やまなか」は、「お祝いの宿」系列として、北川温泉、山中温泉だけでなく、徳島県の鳴門温泉、沖縄県の山田温泉などにも温泉宿を持つ。

誕生日、還暦記念日、母と娘の記念旅行など、記念日ならなんでもいい。「お祝いをします！」がコンセプトだから、趣旨を伝えればサプライズパーティーもしてくれる。ひとりで過ごす誕生日に、いいではないか。

これらの宿を運営している「ＨＰＤコーポレーション」のみなさんは面白いことが大好き。どうしたら働く自分たちも楽しいかを話され、それで私まで楽しい気分になってしまうのだから、宿は働く人次第でどんどん変わっていくのだと思う。

ひとり温泉だけでは、やや寂しいかもという人は、優しいもてなしに感じ入るだろう。

＊囲炉裏の宿でほっこりと

栃木県奥鬼怒温泉郷の「加仁湯《かにゆ》」には、囲炉裏の間がある。そこには熊のはく製や敷物があり、お客さんたちが、主の小松輝久さんを交えて語らう。

小松さんは、一日の仕事を終え、お客さんが囲炉裏に集まってくると、一升瓶を片手に登場。そして「加仁湯」名物の熊汁の話、熊のハンターの話、秘湯の一軒宿を守る話などを、よく通る声で、巧みな話術で語る。そのうち話題はメインの温泉へと。

「加仁湯」は、とちぎにごり湯の会にも加盟している、その名の通り、栃木県内に湧く乳白色、エメラルドグリーン、ブルーなどの様々な色の違う温泉を入り比べて、お客さんににごり湯の奥深さを知ってもらおうという温泉施設が集まっている会。小松さんはこの囲炉裏でにごり湯の神秘なども語ってくれる。

3　温泉を知りたい——泉質別マイ温泉を探す

身体が飢えてきた。

乾いて乾いて仕方ない。

もうからっからっ。

そんな状態になると旅に出る。

私のひとり温泉を分類わけするとしたら、「通ゆえのひとり温泉」に当てはまるのだろう。

現在、生活の拠点は東京にある。

もちろん寅さんのように気ままな旅から旅への生活をしたいが、なかなかふらりと旅に出られないのが実情だ。

雑多な毎日を過ごすと肌は乾き切り、砂漠状態になる。

仕事を仕上げ、ようやくたどり着いた先で温泉に入ると、湯が肌に染み込んでくる。

5分……、10分……、徐々に毛穴が開き、産毛がゆらゆらと揺れてくる。

毛穴が開きはじめると、身体に温泉の熱がぐんぐんと入ってくるのがわかる。もう、快感――。

温度や泉質にもよるが、私は1分入浴すれば、じんわりと鼻のあたまに汗が滲み、5分入れば顔じゅうに汗のつぶが浮かび上がる。

こうなったら、ちょっと休憩。

脱衣場に持ち込んだ水をぐびっと飲み干す。休息の時間は、目安として入浴時間の倍くらい。

しばらくすると身体のほてりが取れてきて、またドボン。

2度目は、肌が温泉を「ぐび、ぐび」と飲んでいるみたい。

温泉に入った翌日は肌がつやつやだ。人に触らせたくなるような気分になる。だが5日経ち、1週間経つと、もうカラカラとなる。10日も経った頃は、ふたたび身体が砂漠状態となり、旅に出たくなる。


前置きが長くなったが、マイ温泉を見つけるために、特色ある温泉の泉質をご紹介しよう。

酸性の温泉は、入るとピリッと刺激があり、温泉の中で手をこすり合わせると軋《きし》む感じがする。

これに対して、アルカリ性の湯は入った時にぬるんとする感触が特徴。この最もわかりやすい温泉の違いを入り比べると、温泉もひとくくりでは語れないことがわかる。

まず日本で1、2を争う強酸性の湯は、大分県湯布院と別府の間にある塚原高原に湧く「塚原温泉」。こちらは日帰り入浴施設があるのみ。同じく強酸性の秋田県の「玉川温泉」は、難病に効くと名高い温泉地。確かに、湯治棟で闘病生活をされている方も多くいらっしゃる。また酸性の湯は殺菌効果があると言われており、私の過去の体験では傷を浸ければ翌日はかさぶたになるという治り具合の速さ！　この泉質の湯に入る楽しみのひとつだ。

対極に、日本で1、2を争うpH11・3のアルカリ性が高い湯は埼玉県の「都幾川《ときがわ》温泉」。浴槽に足を入れると、「え？」と驚愕のぬるぬるぶり。都幾川温泉はゆずの里としても知られ、ゆず懐石がとても美味。ここは日帰りのみの施設だ。

やはりぬるぬるの驚きと木造りの湯船があいまって、ぬるぬるの相乗効果となるのが、長野県「白馬八方温泉」。

このぬるぬるの秘密は、アルカリ性が高いから。湯に浸かり、肌をこすりあわせると、まるでうなぎをつかんだかのように、ぬるんと湯が肌からこぼれおちてしまう。その感覚には感動してしまうほど。

自分と相性がいい泉質は、どれ？

簡単に泉質10種類を説明しよう。あくまでもおおまかに分けており、同じ泉質でも肌への感じ方が違う場合もある。

まずは相性がよさそうな泉質を見つけたら、その泉質の温泉地をいくつか巡ってみよう。一番しっくりくる温泉地や自分と相性がいい源泉を探すべく、入る。温泉への入浴数が増えていくと、不思議なほどに肌が鋭敏になっていくのがわかる。肌がビビッドに反応してくるのだ。


【優しい、癒し系の単純温泉】


単純温泉の泉質を人のキャラクターに当てはめるとしたら〝優しい、癒し系〟。強烈な個性もないが、害もない。自己主張はせず、そっと静かに肌に寄り添う。そんな単純温泉を白いご飯にあう「味噌汁」に例えてもよいだろう。「味噌汁」と聞いて、刺激を思い浮かべる人はいませんよね。ほっとした安らぎをイメージさせてくれる。

単純温泉は実は単純ではない。ミネラル成分をバランスよく含んでいるのだ。

それは別名、〝家族の湯〟と呼ばれていることからもわかるだろう。

赤ちゃん、子供、ご高齢の方でも安心して温泉に浸かることができる、万人に優しいお湯。だから温泉に入ってくたびれることが少なく、湯あたりしにくい泉質なのだ。日本の温泉ではこの泉質が一番多いと言われており、もしかしたら温和な日本人にもっとも相性のいい温泉なのかもしれない。

また、この泉質のもうひとつの特徴として、飲泉許可を取っている温泉地が多く、「飲む野菜」と愛されている。

水素イオン濃度を表す「pH値」が8・5以上は、アルカリ性単純温泉という。水素イオン濃度の高いアルカリ成分が肌の角質を溶かしているからこその、ぬるぬる感。だから間違ってもこれが保湿と思わないように。あくまでもきれいに浄化する作用であって、肌を保湿してくれるぬるぬるではない。だから「湯上がりには保湿」は欠かせない。

【羽毛布団のような暖かさの塩化物泉】

塩化物泉の泉質を人のキャラクターに当てはめるとしたら、〝包容力のある人〟。なにかものに例えるならば、〝暖かい羽毛布団〟だろう。

塩化物泉の多くは海沿いに湧く。掘削技術が発達し、地中深くの温泉が掘削される前には、海に囲まれた日本でかなりの割合を占める泉質だった。塩分濃度の高いこの泉質は、まるで大海原のような、なんぴとをも包み込むその包容力が魅力。

塩分濃度の高い温泉に入ると、入浴中に温熱効果で血流がよくなり、ぽかぽかになった身体の皮膚に塩の膜を張る。この膜のおかげで、湯上がりでも一度温まった熱を逃がさない、抜群の保温効果が生まれる。これぞ塩化物泉の包容力だ。

またこの泉質に入浴する時に、肌に傷などがあると多少の痛みを感じたりもする。けれども殺菌効果も抜群のこの湯のおかげで、切り傷も治りが早いと言われている。

【体育会系の硫黄泉】

強烈な個性を発するこの硫黄泉を人のキャラクターに当てはめるとしたら、〝体育会系〟。硫黄泉に入っていると、ガシガシと向かってくる筋骨隆々の人を思い描いてしまうのだ。

群馬県の草津温泉、万座温泉などが代表格。九州なら雲仙温泉など。白濁した湯を思い浮かべる方もいるだろう。

なかには、白、グレー、また季節や陽差し、温度などの変化でも、乳白色にも黒っぽくにも変わるタイプもある。

硫黄泉の特徴である卵の匂いは硫化水素によるもの。ふんわりと薫るくらいはまだ可愛いものだが、強烈な場合は温泉地から帰る車内でも匂うほど。その日に着ていた服にも匂いが染みついてしまうのが嬉しい人も、嬉しくない人も、またそれぞれだ。

【まるで竹を割ったような性格の酸性泉】

文字通り酸性度の強い温泉。

この泉質を人のキャラクターに当てはめるとしたら、〝竹を割ったようなさっぱりとしたタイプ〟。

水素イオン濃度（pH）が、より酸性を指す低い数値ならば、体感的にはより強い温泉となる。

秋田県玉川温泉、大分県塚原温泉などはpH１・２ほどで、入るとぴりぴりとしてくる。

強い酸性の湯は、例えば釘を湯に浸けておけば溶けてしまうほどで、そんな湯に人が入るわけだから、お腹などの柔らかい肌には刺激が強くて、ぴりぴりと感じるのは当たり前なのだ。

湯上がり爽快！　このさわやかさが酸性泉の最大の特徴で、入浴中に雑菌を落とす殺菌効果が強いためか、湯上がりは本当にさっぱりとしているのだ。

【ソフトな硫酸塩泉】

私が〝化粧水〟の湯と呼ぶこの泉質は、人のキャラクターに当てはめるとしたら〝ソフトな人〟。

群馬県法師《ほうし》温泉、西伊豆の松崎にある大沢温泉、桜田温泉がこの泉質。

含有成分により、カルシウム硫酸塩泉（石膏泉）、ナトリウム硫酸塩泉（芒硝泉《ぼうしょうせん》）、マグネシウム硫酸塩泉（正苦味泉《せいくみせん》）などに分かれ、各々若干だが効能に違いがある。

「石膏泉」はカルシウムの鎮静効果が高いため、昔から「傷の湯」「中風の湯」と言われ、高血圧症、動脈硬化症、脳卒中、慢性関節性リウマチに効果があり、打身、切り傷、火傷、痔疾、捻挫にも良く、ニキビや皮膚のかゆみに効くとされる。

「芒硝泉」は、浴用では高血圧症、動脈硬化症、外傷に効果があり、飲むと胆汁《たんじゅう》の分泌が促進されて腸の蠕動《ぜんどう》運動を活発化するため、胆道疾患、弛緩性便秘、糖尿病、肥満症、痛風に効くとのこと。

「正苦味泉」は、無色透明で苦みのある湯だが、マグネシウム分を多く含んでいるので、血圧を下げ、痛みを和《やわ》らげる鎮静作用が期待できる。

【働き者の炭酸水素塩泉】

キレイ好きでもあり、お掃除系とも名付けたいこの泉質。感心するほどに、働き者である。

炭酸水素塩泉は、旧分類では「重炭酸土類泉」と「重曹泉」に分かれていた。「重炭酸土類泉」は、カルシウム及びマグネシウムイオンに鎮静効果があり、飲用すると利尿作用が働く。

「重曹泉」は、浴用においては皮膚の表面を軟化させ、皮膚病や火傷や切り傷によいと言われる。同時に皮膚の脂肪や分泌物を乳化して洗い流すため、石鹸のように皮膚を洗浄してくれる。

【しゅわしゅわの二酸化炭素泉】

通称「泡の湯」。炭酸泉と呼んだ方がイメージしやすいだろう。

入浴してしばらくすると、身体中に気泡がつく。光が射すようなロケーションの湯船で入浴すれば、その泡が光で銀色に見えてくる。泡を手で振り払うと、「しゅわしゅわ〜〜〜」っと音がする。しばらくして全身が気泡だらけになって、また振り払う。私は、この繰り返しが好きだ。

ただ熱に弱く、加温すると炭酸ガスが気体となり発散してしまうため、源泉温度のままのぬる湯で入る場合が多い。でも、血管拡張作用があると言われているため、入浴後の温まり感には感動するほど。

口に含むと気泡が弾ける感じは、販売されている炭酸水と同様だ。

炭酸泉で知名度が高いのは大分県の長湯温泉だろう。この他、福島県奥会津の金山町にも湧いていて、金山で暮らす人から、「炭酸泉を使って天ぷらをあげると料亭の味になる」と聞いたことがある。この地域では家庭料理にも使用しているようだ。

【熱血漢の含鉄泉】

人のキャラクターに当てはめるとしたら、一言、〝熱血漢〟。

見た目は赤茶色の湯。ただ湧出時は無色で、空気に触れることで、鉄の成分が酸化してこの色になる。すくうと、ずっしりと手に重さを感じる。静かにその濃厚な湯へと体を浸し、1分、2分と時が過ぎると、鼻の頭に汗の粒が。もう少し入浴していると、顔中の毛穴が開いて汗が一気に噴き出してくる。それだけ急激に体があたたまる。熱くて熱くてたまらない。いくらなんでも熱血すぎる!

鉄分を多く含んでいることで、造血作用が促進されると言われており、鉄分不足が原因の月経困難症に効果が高いとされている。

赤茶けたお湯で知られる伊香保温泉や有馬温泉が代表例。


【みんなを元気にする、放射能泉】

放射能という言葉に敏感になってしまいがちだが、温泉での放射能泉は入るものに元気を与える泉質だ。

放射能泉に含まれるラジウムが気化してラドンとなり、入浴中に空気と一緒に吸収する。細かい粒子のラドンを吸い込むことで、免疫力アップに繋がり、さらには自然治癒力も増す。そんな放射能泉を温泉町のみなさんは健康的に利用している。

放射能泉は日本でもたくさんあるが、世界有数のラジウム含有量を誇る代表格は鳥取県に湧く三朝《みささ》温泉だ。


【珍しい含よう素泉】

よう化物イオンを含むのが特徴で、これはうがい薬などにも使われることの多いヨウ素と同様、殺菌効果の高い成分だ。

お湯が湧き出て、時間が経つと黄土色に変化し、ヨード液を連想させる薬っぽい匂いがする。

代表的なのは秋田県の強首《こわくび》温泉や東京都前野原温泉など。

【マイ温泉を探すコツ】

～脂性の人は酸性泉か硫黄泉、冷え性の人は塩化物塩泉～

温泉は、自分と最も相性の合う泉質に巡り会え、その日の体調で泉質も選ぶことができたのなら、効果絶大だと思う。

ニキビが多く肌が脂性の方、例えば背中にニキビがあるような人は、酸性か硫黄泉といった入浴後に清涼感のある泉質をおすすめしたい。肌の角質を溶かし、洗い流す作用を実感するし、殺菌効果も強い。

冷え性の人には、ガッと熱が身体に入ってくる硫黄泉や、入浴中に肌に塩の膜を張る塩化物泉がおすすめ。

春や秋などの乾燥しやすい季節以外でも、通年肌が乾燥しているようなドライ肌の人は保湿効果のある泉質を選びたい。

乾燥する季節のみ、顔のTゾーン以外の部分が乾燥するといういわゆる普通肌の人は、どんな泉質でも適応できそうだ。

私自身は、いわゆる普通肌。

温泉巡りを始めた頃、あの卵の腐ったような匂いがたまらなく好きになり、硫黄泉に好んで入っていたものだ。数々の硫黄泉に入ると、今度は飽きない単純温泉や優しい肌触りの重曹泉や石膏泉へ好みが変化した。

普通肌の私は、どんな泉質もどんとこい。だから、その日の気分や体調やマイブームで温泉を選ぶ。

ちょっと気持ちがダウンしている時、安らぎが欲しい時には優しい湯。

心が渇いている時には無色透明な湯、アルカリ性単純温泉に多い透明度が高くゆらぎが美しいお湯へ。透明度の高い湯を眺めていると心が落ち着いてくる。基本的に優しい湯なので、湯あたりしにくく、安心して長湯もできる。

気合を入れたい時には体育会系の温泉へ。温泉に浸ると、熱がぐんぐん身体に溜まり、生気がみなぎる。「あ、また明日から頑張ろう」って気分にしてくれる。また、ちょっと風邪気味の時に入ることもある。身体の芯まで温まるので、熟睡できるからだ。すると風邪のひきはじめなら治ってしまう。

４　旅先での出会いを求める

＊土地の人との触れ合い

私の思い出に残る出会い、ごくごく個人的な旅の一例をご紹介しよう。

和歌山県湯の峰温泉は湯川の両側に温泉宿が並び、こぢんまりとしている。湯川沿いに源泉があって、その上にある湯壺で、地元の人たちはタケノコやら里芋やら根菜などを湯がくのが日常的な風景。

「温泉で湯がくとね、野菜のあくが抜けるんだよ」

そこにいた地元の方らしきご婦人が教えてくれたが、いかにも生活の一部に温泉が存在することがわかる。

ご婦人と一言二言を交わした後に、少しだけ熊野古道を歩いた。

熊野古道の入口は、温泉寺の裏手。坂道を登ると杉木立があり、木々の下には苔《こけ》が生い茂る。どことなく湿気が感じられる。その湿気も爽やかに感じたのは、熊野古道という聖なる土地ゆえか。

全身を大きく伸ばし、肺に入る限りの息を吸い込み、歩いては、また深呼吸して、休み、また歩く。爽快な時間が流れた。

温泉街に戻る。世界遺産に登録された、かの有名な貸切風呂「つぼ湯」は予約でいっぱいだったから、近くの共同浴場「薬湯」に入った。

小屋のような簡素な建物ののれんをくぐり、質素な脱衣場へ。脱衣場の棚にはプラスチックのピンクの籠が置いてある。どうやら先客がひとりいる様子。

風呂場に入り、熱すぎるお湯に身体を馴らしていると、

「あら、さっきのお姉さん」

と声をかけられた。

振り向くと、「温泉で野菜を湯がくとあくが抜ける」と湯壺で教えてくれたご婦人ではないか。

一緒にお湯に浸かる。

話をすると、やはり地元の田辺の住民だった。

しばし、熊野古道を歩いた話などをした後に、ご婦人は先に上がっていき、私はひとりで、まだまだお湯を愉しんだ。

さて、帰ろう。

温泉街のバス停前のいすに座っていると、クラクションが鳴った。軽トラックが目の前に止まる。先ほどのご婦人だ。

「田辺へ行くの？　乗せてってやろうか」

「はい！」

私は軽トラックに同乗させてもらい、紀州の梅の話などを聞きながら、田辺までの1時間を楽しくドライブしたのだ。

かれこれ20年前の出会いだったが、車に染みついた匂いやご婦人のしぐさなど、いまでもよく覚えている。

旅を彩る一期一会であった。

ひとりだからこそ出会いが広がる、寅さん的な旅である。

5　「ひたすら、おいしい！」を求めたい

旅先の〝おいしい！〟には、バリエーションがありすぎるほどある。

宿の名物料理、土地の食材、ソウルフードと次から次へと思い浮かぶ。

まず宿泊先の名物料理を愉しむ場合は、第1章に記した食事環境さえ整っていたら、十分に満喫できるだろう。

次に土地の食材と言えば、旬の魚介類を思い出す。

ただこれまで綴ってきたように、ひとり温泉において繁忙期は大敵。

例えば日本海沿いの温泉地においては、冬は蟹がハイシーズンとなるため、そうしたいわゆる一般的に知られた旬の食材は避けることになる。よって、あまり知られていない旬の食材を探す楽しみが出てくる。

具体的に言うと、兵庫県城崎温泉は蟹のシーズンが最も込み合う時期だから、ひとり温泉お断りの宿もある。私は城崎温泉で食した、通年食べられる但馬牛の熟成肉が忘れられない。旬を狙わずとも、おいしいものはたくさんある。

一方、オフシーズンの旬の食材を狙う手もある。

富山湾を目の前に眺める氷見《ひみ》温泉郷では、やはり寒ブリを思い起こすが、実は通年、いつも旬の魚がある。氷見の人に「春はイワシ、サヨリ、クロダイがおいしいよ！」と聞いており、次回は氷見の春を満喫するつもりだ。

旬の味わいを楽しめるが、でも宿もさほど混みあわない時期の食材もある。それは山菜だ。口いっぱいに広がる、あのほろ苦さを一度味わうと、また忘れられない苦みを求めて旅に出たくなる。

山菜は、やはり採れたてがいいに決まっているが、例えば新潟県貝掛《かいかけ》温泉にはオーナーとお客さんとで山菜を採り、それを夕食に出してくれるサービスがある。

山菜のように、持ち帰れる食材というのもいい。

私は宿泊先の宿で出された気になる食材を、翌日、道の駅などで購入することがままある。

きっかけは、栃木県塩原温泉「彩つむぎ」に宿泊した時だ。女将の君島理恵さんにすすめられて、初めて塩原高原大根を食した。スティック状にして生でいただくと、「さくっ、さくっ」。それはそれは瑞々しい音が軽快に鳴り、この音だけで涼やかな気持ちになった。噛み締めると「じゅっ」と水分が弾ける。大根特有の辛味はさほどなく、ほのかな甘みを感じた。まるで〝梨〟ではないか。翌日、さっそく現地で大根を購入したのだ。

福島県奥会津地方の湯倉温泉「鶴亀荘」に泊まったのは初夏だった。夕食に出された地元の柳津《やないづ》産アスパラの青々しく強い風味が口に残った。

アスパラって、こんなに味が強いのか――。

翌日、地元のスーパーに立ち寄ると、入口すぐの中央に、どどんとアスパラタワーがあった。地元では知られた存在なのね。

柳津産の太いアスパラは5本入りで1パッケージ。私は5パッケージ購入。たまたま帰京した日の午後は、都内で打ち合わせがあったので仕事相手にアスパラを配った。

お土産と言えば温泉まんじゅう、あるいは洒落た洋菓子を想像されるだろうが、私は旬の野菜一択。もちろん相手が料理する方の場合だが、たいがいは喜ばれるし、その土地の話題に花が咲く。渡した相手の驚く顔が見られるのも、また嬉しい。

その土地でしか口にできる機会がない調味料に出会えば、買い込むこともある。土地特有の調味料は最強のソウルフードだと思う。

ちなみにその土地の調味料と言って思い浮かぶのは辛味調味料「かんずり」だ。唐辛子を雪にさらして辛味を奥深い味にする「かんずり」は、鍋や湯豆腐にぴったり。また食材の味を引き出すため、肉なら脂身の甘みをさらに芳醇にさせ、蕎麦につければ味は締まり、サラダのドレッシングに入れると食べ続けても飽きない。料理の味変、ちょっとしたアクセントにはなくてはならない品だ。

「おいしい！」を求めるひとり温泉はまだまだ続く。

第3章　ひとり温泉　旅に出る

とにかく美味を堪能！

冬のひとり温泉、キケンの後のパラダイス

〈山形県・湯野浜温泉〉


2024年最初の旅は、冬の山形県庄内地方だった。

数日前から寒波が襲い、出発当日も、日本海沿いは強風と雪の予報。

前日の夕方、予定していた羽田空港から庄内空港への便が「遅延・欠航・他空港への着陸や出発地への引き返しの可能性がある」と航空会社から連絡が届いていた。

朝のニュースも寒波の話題一色。

家を出立し、羽田空港に向かいながら、フライトを諦めて陸路に切り替えようか、悩む。

陸路なら、東京駅から新潟駅を経由し、特急いなほで鶴岡駅へ向かうことになる。今日の天候なら新幹線は走るにせよ、問題はいなほだ。強風だとすぐ運休してしまったという過去の経験もあった。

ひとり旅の場合、こうした天候によるアクシデントを相談する相手がリアルにい

ない。だから、私はSNSで困りごとを呟くことがある。すると、「現時点でいなほは走っていません」と停車駅の村上（新潟県）近くに暮らす友人が教えてくれた。同じ陸路でもバス路線を知らせてくれる人もいた。現時点での判断なら空路しかない。飛ぶことをひたすら祈り、羽田空港に向かった。

結局、20分の遅延で羽田から飛び立った。

フライトは順調で、庄内空港を目視できた頃、機内はぐらぐら揺れた。

「ごおぉ、ごおぉ」と、強風が鳴り響く中、氷が張った滑走路にランディングした。

機長に感謝。窓の外に見えた、荒々しい風の中で飛ばされそうになりながらも出迎えてくれた空港スタッフにさらに感謝。「本当にお疲れ様です」と心の中で呟き、アクションは控え目にして手をたたく。

お隣に座っていた女性客が「良かったですよね。羽田に戻るかもって言ってましたもんね」と微笑んでくれた。その笑顔が可愛い。

機内の乗客はほぼスーツ姿で、お隣の女性もグレーのパンツスーツ姿。彼女は到着時にスーツ姿の男性5人と合流していたから、やはりビジネスで来ている。

庄内はエプソンなどの多くの企業を誘致しており、平日のこの便はビジネス客が最も多いという。席が隣同士になったお姉さんの仕事の成果を祈る。一期一会である。

昼ごはんは空港2階の「平田牧場」でホットドッグを食べて、タクシーで湯野浜温泉に向かう。

20分ほどの車中、冬空は目まぐるしく変化した。

空港で車内に乗り込んだ時は青空すら見えていたのに、一転、雪けむりに遭う。ホワイトアウトした中を車が走る。ほぼ視界は白しか見えなくなった。地吹雪だったのかもしれない。

地面が凍っている。

それがわかったのは、急に青空になり光が射して「キラッ」と輝いた瞬間だ。氷の世界は光の反射が重なって、目を開けていられない強い光となり、車内で目を細めた。

フライトの遅延や欠便の心配でヤキモキしたことが全て吹っ飛んでしまった。それほど氷上の光が綺麗だった。

白一色で、他の色がない大地。

この光景、どこかで見たことがある。

そうだ、シベリア抑留の取材で行った2013年2月のハバロフスクの光景だ。シベリアでマイナス25度という極寒の中、取材内容の難しさもあいまって、心身共に厳しい滞在だったが、一瞬、見せてくれる氷の大地の煌《きら》めきに救われたものだ。

ひとりでシベリアへ行った理由は山崎豊子さんにある。『不毛地帯』（新潮文庫）を上梓する際、当初『白い大地』というタイトルだったが、冬のシベリアの大地に立って「不毛地帯」という言葉が浮かんだという随筆の一編を読み、私もシベリアを書くなら、冬を体験しなければと出かけたのだ。

シベリアの冬は氷の大地で不毛地帯だけれど、白く輝く地帯でもあった。

取材の際、コロンビアスポーツウェアジャパンから南極や北極でも使えるウエア一式を用意してもらった。ダウンコートはしっかりと羽毛が入り、内側には熱を逃がさないようにアルミが貼ってある。

シベリアを思い起こしたのは、あの時に着ていたダウンをこの日も着ていたからだ。

ひとり旅をしていると、不意に過去の旅が蘇ることがある。

過去と今が交差する、とでも言おうか——。

もちろん庄内をシベリアと同類に表現したら怒られる。

だって「おいしい庄内空港」と言うだけあり、庄内は不毛地帯とは対極の肥沃《ひよく》な大地だから。


タクシーが湯野浜温泉の「亀や」に到着した。

「亀や」はひとり旅歓迎だし、実際、女性のひとり温泉が多いとのこと。11階の特設フロアの部屋を予約していて、この階の中央にあるラウンジでひと時を過ごす。ただただ海を眺める。

日本海の波は白く、海鳴りが大きい。

空と海の区切りない水平線。

海の色は幾重にも混じり合う。

手前は波打つ白さ、

「ひゅう、ひゅう」

「ざぶん、ざぶん」

その先には紺色、その奥に明るいブルーが見える。

時折晴れて光が射すと、海がキラキラと。青空が出てくると、その下の海はエメラルドグリーンに見えた。冬の日本海で、初めての体験である。

海の色って、こんなにも刻々と変化するんだな。暖かい場所から、凍える風景を見続ける優越感。相手のいないひとり旅だからこそ、瞬間瞬間の空と海の表情を眺めていられる。いつの間にやら放心状態、頭が空っぽになる。

晴天のまま日本海の夕陽が見られたらラッキーと、海を目の前に気長に待ったが無理だった。

冬の庄内の静寂さは何ものにもかえがたく、この日はひとり、光景を満喫した。

ふぐ、蟹、あんこうで、しっぽりひとり酒

〈山形県・湯野浜温泉「亀や」〉

「おいしい庄内空港」と謳う空港から一番近い湯野浜温泉の夕食である。

「亀や」の夕食の献立には、

「～大雪～　雪が降り始める時節　寒さが日ごとに増し冬一色の頃」

という時候の挨拶の後に、「とらふぐ」「ずわいがに」「あんこう」の3点押しで来た。

「とらふぐ」は煮凍《にこご》り、皮と浅月の酢味噌和え、七味唐辛子漬け焼き、唐揚げ、薄造り、ひれ酒。

「ずわいがに」はゆで、焼き、甲羅玉元焼き。

「あんこう」は鍋、肝蒸し、雑炊、お漬物。

豪華食材3点に限定してコースを構成していた。

とかく旅館の夕食で出される懐石料理は、先付、吸物、刺身、焼物、酢の物、炊合、蒸し物、揚げ物、ご飯・味噌汁・香物という流れが一般的。たいがい名物であろうメインの揚げ物に辿り着くまでに、幾多の「おいしい」を越えなければならない。「ようやく、メイン」というタイミングには、もう大満腹ということもしばしば。

「食事は少量ずつ欲しい」とリクエストしたこともあるが、「残してください」と返事されたりもして、妙案を出せるほどの知恵はなかった。

「亀や」のメインになる食材だけで構成された夕食は一種の発明で、その英断と斬新さに感心しきり。なんでも料理長の発案とか。実に創造的である。

「最初から名物を出してくれるなら、スタートダッシュをかけてしまって良いのね」と、私はほくそ笑んだ。

とらふぐの薄造りとひれ酒。あぶられたヒレを噛み締めた。

ひとり温泉にひとり酒はテッパンである。

「とっ、とっ、とっ、と〜っ」と言いながら、手酌で飲み耽る幸福感。

「くぅぅぅ」

庄内の冬の味覚には、やはり地元の鶴岡の酒が合う。

湯野浜温泉が湧く大山は4つの酒蔵があり、私が選んだのは、加藤嘉八郎（酒蔵）の特別純米酒「十水《とみず》」。透明感ある吟醸味と濃厚な味わいが特徴という。

「十水」を横に食していく。

焼き蟹には蟹味噌がついてきた。蟹のゆで、焼き共に、味噌などはいらず、蟹だけで十分に酔いしれる風味だった。せっかくの蟹味噌だから、最後の焼き蟹の足1本分を蟹味噌に入れた。ゆで蟹のためのポン酢は、鰹だれをベースにした自家製。ゆで蟹のお腹の部分はほぐし身で出してくださり、潮風のような少しの塩味がした。

蟹の甲羅玉元焼きは、蟹の身と味噌の上に卵の黄身とサラダ油をのせて焼いたという。

あん肝の次は、あんこうの鍋。あん肝と味噌の出汁《だし》だと濃厚すぎるとのことで、柚子が刻んで置かれてある。味は濃いながらも、柚子でさっぱり。

「十水」に最も マッチしたのは、蟹味噌やあんこうの肝といった芳醇な味わいの品だった。両者を口に含ませると、香ばしさが2乗にも3乗にも、いや100乗にもなるようで、昇天してしまう。

オーシャンビューのカウンターでの食事だったため、夜の暗闇でも、強風ゆえの波の音が一層くっきりと強く聞こえた。目の前に広がる海で採れた味覚を、地元が誇る酒蔵の地酒でいただくのだ、これほど幸せなことはない。

庄内地方の繁忙期は夏だという。目の前に広がる浜は遠浅で、海水浴には絶好の場所。夏は家族連れが多いというから、さぞかし賑やかなのだろう。日本海には波が立ち、知られたタレントさんも波乗りに来るという。

しかしやっぱり私は、口とお腹を満たしてくれる静かな冬の庄内の方が好きだ。庄内のひとり温泉は冬に限る。

そもそも湯野浜温泉はナトリウム・カルシウム－塩化物泉。なめると塩っ辛いお湯で、温まる。湯上がりは、いつまでも身体がホカホカしている。冬に入りたい温泉である。シベリアをも彷彿させた一日の最後に、このホカホカ温泉は効いた。

加えて「亀や」には「龍宮殿サウナ　海」がある。大浴場と同等、いやそれ以上の広さのサウナを有し、フリードリンクやチョコレートなども用意されていて、まるでサロンのよう。私が眺めた真っ青な海と夕景をこのサウナからも楽しむことができる。

牡蠣、牛タン、ずんだ餅をひとり旅のお仲間に

〈宮城県・松島温泉「松島センチュリーホテル」〉

どのくらい前だっただろう、食エッセイの名品『味な旅　舌の旅』（宇能鴻一郎著　中公文庫）の「松島・雪の牡蠣船」編を読んでからというもの、私にとって松島は松尾芭蕉の「松島や　ああ松島や　松島や」ではなくなった。宇能先生の松島であり、牡蠣の松島となった。

「松島・雪の牡蠣船」はそれほどの破壊力を持って、私の意識を塗り替えた。さすが、芥川賞受賞作家にして官能小説の大家・宇能鴻一郎先生である。

宇能先生が牡蠣を食した時の陶酔感。舌が牡蠣に触れた時の弾力。弾き出す汁液。上品ながら、エロチックに描かれてあり、この一編を読んで以降、牡蠣を口にする度に宇能先生が私の記憶にお出ましになる。

ところで、その松島に温泉が湧いていることは、あまり知られていないように思う。少なくとも『味な旅　舌の旅』には温泉の記述は出てこない。

それも当然だ。松島源泉1号は2008年に掘削された新しい温泉だからだ。

当時の松島温泉組合の西條直彦組合長が、「松島に足りないのは温泉。松島の絶景を眺めながら温泉に入って欲しい」と、全額自己負担で1500mの深さまで掘削。大金をかけて湧出した温泉はアルカリ性単純温泉（低張性アルカリ性高温泉湧出温度52・5）で、これを「太古《たいこ》天泉《てんせん》」と名付けた。

現在も松島温泉の源泉を守っている宿「海風土《うぶど》」の社長を務める西條さんのご子息は、「地中1000mから1500mの間は、数億年前の石灰質岩類だと調査でわかりました。太古から天水が浸透し、地熱で温められた温泉ですので『太古天泉』と呼んでいます」と教えてくれた。

ただのお湯である温泉を産業にまで成し遂げた大人物は、全国各地に何人もいる。大地に熱せられてのことか、熱い男に出会う確率が非常に高い。

例えば大分県別府温泉には、ホテルの創業者というだけでなく、温泉を遊興の場としない証《あかし》に、一切酒を出さないことに徹し、あくまでもお湯の治癒力を訴え続け

した。

自腹で掘削した西條さんの漢気《おとこぎ》に、「ありがたや〜」と呟きながら、お湯を頂戴

松島の西條さんも、温泉地にいるパワーあるおひとりだったのだろう。

た油屋熊八《あぶらやくまはち》がいる。別府駅前には、空に向かい両手を広げている彼の銅像がある。

とろとろっ、とろっとろ。お湯が肌の上を転がる感じに感嘆。

入浴中、手と手をこすり合わせ、足と足を絡ませる。なんて私の肌は滑りがいい

のだろう。うっとり。

お湯のpH（水素イオン濃度）8・6が、肌の上を転がる理由。アルカリ性は、皮

脂や角質を洗い流す石鹸のような効果を発揮するのだ。

もし宇能先生が入浴していたら、どのように表現されるだろう――。

この晩は、「松島センチュリーホテル」に宿泊していた。

夕食にはもちろん牡蠣を食す。松島の牡蠣のシーズンは、毎年11月から2月末ま

で。この時期は松島産の生牡蠣が食べられる。時期を外すと松島産ではなくなるも

のの、宿泊したホテルでは通年、生牡蠣を出している。

食事前に『味な旅　舌の旅』を再読し、その文章を思い浮かべながら牡蠣を愉し

む。

宇能先生のように、舌で牡蠣の弾力を感じる。弾き出た牡蠣汁は少し苦く、大人の香りである。

宇能先生になった気分。

西條さんのご子息が、

「ここからの朝日と月光が凄いんです。松島の島と島の間、海上から昇る朝日は目を開けていられないほど強烈な光で、松島湾を照らす月も神秘的で……」

と教えてくれたが、この日はあいにく月夜も朝日も眺めることはできなかった。

翌日、小雨が降るなか、観光船「仁王丸」に乗船し、鐘島、仁王島、水島を回り、湾を巡る。伊達政宗が再建した「国宝　瑞巌寺《ずいがんじ》」も見学。

赤い渡月橋を渡り、雄島にたどり着くと、たくさんの岩窟を目にした。

そもそも松島は、江戸時代半ばまでは霊場だった。中世の頃は「奥州の高野山」と呼ばれ、お坊さんや巡礼者たちの修行の場となり、人々はここで祈りを捧げた。祈りと願いに満ちた場であり、岩窟はその証である。

雨でしっとりと濡れた霊場を歩いた。

この時は、「松島センチュリーホテル」をスタートに散策した。松島の観光地や海岸に最も近い立地だから、拠点にするにはとても便利。松島を巡る観光船乗り場や国宝瑞巌寺にも歩いて行ける。ひとり温泉では、ぷらぷらしたい時、こうした立ち寄りたい場所が徒歩圏内にあることが重要である。

天候によって、行っても、行かなくてもいい。ひとり温泉にとって最も重きを置く〝気ままさ〟が担保される。晴れたら行ってみよう、明日の天候と気分次第。この構えない感じが嬉しい。

※※※

２０２４年2月の終わり、冬の仙台で行われたフォーラムに登壇した後に、私は松島温泉を再訪した。

前回叶わなかった、松島を照らす月光か、松島湾から昇る朝日を今度は望みたかったから。

松島は仙台から電車で25分ほどだから、17時に仕事を終えてから移動しても、18時半の夕食には、ひとっ風呂を浴びてからで、十分間に合う。

この日も、「松島センチュリーホテル」にお世話になった。

松島温泉の中で最も海に近いホテルゆえ、露天風呂の目の前には松島湾が広がる。夕暮れ時に、松島湾に浮かぶ島々をぼーっと眺める。登壇していた緊張感がほぐれ、脳がオンからオフへと移行するのがわかった。

地方都市に近い温泉だと、仕事終わりにすぐ立ち寄れるのがいい。緊張と弛緩の切り替えに、温泉はもってこいなのである。

お湯は、前回の印象と変わることなく、肌の上を転がっていった。

「とろっとろ〜、とろっとろ〜」と、思わず口ずさんでしまうほど滑らかなのである。

さて夕食である。

このホテルは半ビュッフェ形式とでも言おうか。サラダや一口サイズのデザートはビュッフェ。季節によって異なるメイン皿は3種類から選べる。私は牛タン赤ワイン煮を頼む。この他、オープンキッチンに行けば、仙台仕込み牛タン焼き、伊豆沼豚カットステーキ、揚げたて天ぷらを何回でも注文できる。懐石料理ではなく半ビュッフェスタイルだと、食事の量を自分で調整できるのがいいな。豪華な夕食を残すのはしのびない。

この日は平日の水曜日。私以外は、高齢者を囲んだ家族旅行風が数組、あとはひとり客が２人いた。私のテーブルから２つ間を置いてスリムな女性客。30代くらいだろうか。少し離れたオープンキッチン近くの席には赤ら顔をした男性客。こちらは40代だろうか。

オープンキッチンで用意される牛タン焼きは、一皿に小ぶりの牛タン２キレがのっている。ぷりぷりしており、タレに漬け込んであったのだろう、嚙み応えを愉しむうちにタレが染み出た。旨い！　病みつきになり、もう一皿をおかわり。そしてまた、おかわりをしにオープンキッチンに行く。天ぷらも２回オーダーしに行ったから、もはや通っている状態。「豪華な夕食を残すのはしのびない」は、どの口が言う。

ふと、オープンキッチン近くの席にいた男性のひとり客と目があう。「おぬし、よく食べるの」と、男性客に言われているような気がした。

私もすかさず「おぬしは、よく飲むの」と、心の中で返した。

男性客とは度々目があい、互いにひとり温泉をしていることを認識しあう（たぶん）。男性客は料理をつまみに、ひたすら手酌で酒を愉しんでいる様子だった。

女性のひとり客のテーブルには、別注で鮑《あわび》ステーキ３３００円、ビーフステーキ２７５０円の皿が置かれてある。私と同じく、彼女もオープンキッチンへと通っていた。おかわりに次ぐ、おかわりだったのではないだろうか。

心の中で「豪勢に、よく食べますな」と女性客に語りかけたが、彼女からの返事はない。一度も目があわなかったからだ。

ちなみに10種類近くあったデザートの中で気に入ったのはずんだ餅。豆皿に、白玉1個とずんだがのっている。香ばしさと甘さに惹かれ、結局、4皿いただく。牛タンにしろ、ずんだ餅にしろ、だてに（伊達に⁉）名物ではありませんな。

翌朝、目覚めて客室のカーテンを開けると、青空と松島湾と湾に浮かぶ島々が陽光に照らされていた。

朝食前に露天風呂に行くと、夕食会場で豪勢によく食べていた女性がいた。彼女は、露天風呂の湯船の中階段に腰かけ、半身浴をしながら、ずっと目の前の景色を眺めていた。彼女の視線の先の松島湾には島が10ほど、観光船も3～4隻見えた。観光船で流れる、松島を案内するアナウンスまで聞こえてきた。のどかである。

きっと、彼女は無になるためにやって来たのだ。

ラムを「じゅうじゅう」焼いて、秘伝のたれで

〈山形県・蔵王温泉「五感の湯　つるや」、共同浴場「川原の湯」〉


文字通り、雲ひとつない、抜けるほどの青空だった。

蔵王温泉街からロープウエイに乗り、地蔵山頂駅へ到着。

降りると、目の前に繰り広げられる樹氷のスペクタクルに息を呑む。

山の斜面を無数の樹氷が覆う光景を「スノーモンスター」と表現することが多いようだ。確かにいびつではあり、怪獣にも見える。

ただ私はいささか異なる姿を連想した。

少し背中を丸めて、前かがみに、まあるい頭をもたげる像は、巨大なムーミンに思えた。青空の下で、ムーミン一家が戯《たわむ》れているようだ。

モンスターだろうが、ムーミンだろうが、その光景はフォトジェニックには違いなく、夢中でシャッターを切る。

特殊な気象条件でできた樹氷群は、毎年2月頃が最も見ごたえがあると言われ、12月下旬から2月下旬までライトアップされる。

今しか見られない、ムーミン一家の団らんをいつまでも眺めていたかったが、この日は想定以上の強風で、強く冷たい風は顔や手に強烈な痛みを与えた。とてもじゃないが、山頂に長居できない。晴天だったからと油断して、薄着で来てしまったことを猛列に悔いた。

山頂にいたのはわずか数分だったが、身体が冷え切ってしまった。ひとり旅では「寒い、寒い」と騒ぐ相手がおらず、じっとひとりで耐える。蔵王はジンギスカンが名物だから、下山したらジンギスカンで身体を温めよう。

地元の人気店「ろばた」に入る。

ジンギスカン定食を頼むと、肉厚の生のラム肉と野菜、小鉢にご飯と味噌汁が出た。

ドーム型の鉄板の上にラードをのせる。鉄板が熱くなりラードがとけてきたらラム肉を焼き始める。肉からは脂がしたたり落ちる。肉の周りにキャベツ、ピーマン、玉ねぎ、カボチャを置いておくと肉の脂と焼けた野菜の甘い香りがして、旺盛な食欲に火が付く。

秘伝のたれにつけてアツアツでいただくと、肉の臭みが全くない。新鮮なラムは肉厚でもどんどんいける。秘伝のたれは店によって違うらしく、「ろばた」ではにんにくとショウガをすりおろし、胡麻も入って、隠し味でこだわるのはリンゴ。ほんのりと甘みのある「ろばた」のたれは脂がのっているラム肉と最高のマッチング。ラム肉は低コレステロールで、鉄分やビタミンＢが豊富なヘルシー食だから、もりもり食べた。

そもそもこの蔵王で、なぜジンギスカンが名物となったのか。

「ろばた」のご主人に尋ねると、「ジンギスカンのルーツは諸説ありますが、蔵王のジンギスカンのスタイルが生まれたのは、山形の鋳物文化と昭和初期の綿羊協会（この時期、羊毛生産のために多くの羊が飼育されていた）のおかげでしょうね」とおっしゃった。

地元の産業がもたらした名物であった。

身体が温まり、お腹が満たされて、ようやく山頂で撮った写真を見返すと、青空も手伝って、いい写真が撮れているではないか。

こういう時、旅の友がいれば見せあいながら話をするのだろうが、ひとり旅の話し相手はもっぱらＳＮＳだ。

ＳＮＳに写真をあげて、コメントがつけばそれに返す。短いコメントは、その場で会話をしているかのようなキャッチボールとなる。

「ろばた」を後にし、共同浴場「川原の湯」へ向かう。ジンギスカンの香ばしい匂いを漂わせている自覚はある。

ログハウス風の建物に入ると、3畳ほどの簡素な脱衣所があり、その先には日本の共同浴場の典型ともいえる湯小屋に湯船があった。木でできている湯船をよく見ると、底にはすのこが敷かれている。

湯船の底から湯が湧き出ているため、新鮮な湯に浸かれるようにと、底がすのこになっているのだ。

蔵王温泉は酸性の硫黄泉。

やや青みがかった白い湯が湯船になみなみと。

入浴した瞬間は「ぴりっ」と肌に刺激を感じる。

外気温が低く手や足のつま先が冷えているから温度差でぴりっとするのかと思いきや、実はこれは酸性の湯特有の肌触りである。入浴後は不思議な清涼感に包まれるのがこの湯の特徴であり、最大の魅力。

共同浴場は上湯と下湯がある。こうした伝統的な共同浴場を巡る楽しみも、東北の温泉ならではの旅情である。

湯上がりには、もう山頂の凍える寒さは忘れていた。そしてジンギスカンの香ばしさも抜けていた。

「五感の湯　つるや」に入る。５か所の貸切風呂があることが予約の決め手。平日ということもあり、自由に貸切風呂を予約できた。宿の方は「生き生きとした蔵王の湯を楽しんでもらいたくて五感の湯としました。蔵王のお湯は力を与えてくれます」と繰り返す。ただ毎日入浴する地元のみなさんは、刺激のある蔵王の湯はさら湯をかけてから上がるそうだ。

シュークリームで異文化交流、あか牛丼も！

〈熊本県・黒川温泉「ふもと旅館」〉

この日、熊本県黒川温泉の定宿、「ふもと旅館」に荷物を置いて、目の前の洋菓子店「パティスリー麓」を覗くと、欧米人の大柄な男性２人がいた。

下駄をはき、浴衣を着て羽織をはおっている。浴衣はツンツルテンで足首が丸見え。胸元も大きく開きアンダーシャツが見えて、ちょっと着崩れしている感はあるが、どちらも似合っていた。

彼らはシュークリームを購入し、イートインできる窓際のカウンター席に腰かけた。

私もシュークリームを購入し、お隣に座った。

「黒川温泉を楽しんでますか?」と尋ねる。

唐突に話しかけてきた日本人に、最初は目をきょとんとさせたが、嬉しそうに立って、浴衣を着ている全身を見せてくれた。日本の温泉旅館に泊まるのは2度目だと教えてくれ、和食を楽しみにしていると目をキラキラさせた。ただ、「温泉の温度が高い」と、やや顔をしかめた。

私も日本の温泉や世界の温泉を訪ねて、その魅力を国内外に伝える仕事であると身分を明かし、その上で日本固有の温泉文化を話した。

会話の詳細までは覚えてないが、一緒にシュークリームを頬張りながら、浴衣を着た外国人と日本の温泉について話し、気持ちが高揚したことは鮮明な記憶だ。

温泉地で外国人を見つけると、必ず話しかけてしまう。

私の英語力では深い会話はできないが、外国人観光客と日本の温泉を語りあう時は誇らしい。きっと自分の宝物を自慢しているかのように、私は話しているに違いない。

かつて、日本人はこんな場所で暮らしていたのだろう、そう彷彿とさせる町並みがある。山里で、色彩は黒と茶色で統一され、景観を邪魔する電信柱はなく、すっきりとしている。メイン通りはそう大きくなく、歩きやすい温泉街。

そこは30軒ほどの小規模な旅館が軒を連ねる熊本県阿蘇の黒川温泉だ。「パティスリー麓」は、温泉街の中心の地蔵堂近くにある、黒川の景観に馴染んだ、古民家風のお店。外まで甘い匂いが漏れ出ていて、その香りに誘われる。

名物は外国人と一緒にほおばった塩麹《しおこうじ》シュークリーム。

店内で焼かれている皮は「パリッ」と音を立てて割れ、中からどばっとカスタードクリームが溢れ出る。これがなんともふんわりとした甘さ。そこにコクを加えるのは生地に練り込んだ塩麹の塩っ気だろう。クリームはボリュームがあり、空腹時のちょっとしたおやつにベストマッチ。満腹になり過ぎず、湯巡り中の糖分補給には最適である。

私はここのプレーンのロールケーキも好む。卵の風味が強いふわっふわのスポンジ生地とクリームのマッチングが素晴らしい。

店内に、地元小国《おぐに》の「小国ジャージー牛乳」と山都《やまと》町の卵「蘇陽《そよう》の月」を使って作っているという説明があるが、地元素材に徹しているこだわりも嬉しい。

近年はあちこちの温泉地に、おいしいスイーツをいただける店ができた。かつては温泉土産と言えば温泉まんじゅう一択だったが、今や洒落たスイーツが続々と登場している。「パティスリー麓」はその走りだったように思う。

黒川温泉の名を全国に轟かせたのは、「入湯手形」だろう。人気の秘密は美しい景観に加え、湯巡りしやすい程良い距離感、さらに泉質の多彩さにもある。湯巡りしているうちに、異なる泉質に入り、肌の感触を比べることができるから温泉を深く知ることができるのだ。

「入湯手形」を発行し、それぞれの旅館のお風呂を開放するシステムを最初に作ったのは黒川温泉だと言われている。通常なら、宿泊しなければ旅館の中など覗く機会はないため、お風呂に入るという理由で他の宿に入れるこのシステムに、私は大喜びしたものだ。

だから、いつも黒川に到着するとまず手形を購入して、湯巡りを始める。個人的な好みで言えば、黒川温泉の魅力は、全国で類を見ない「立ち湯」の多さ。

「立ち湯」はさほど注目されていないが、私はたまらなく好きだ。

医師ではないので「健康に効果がある」という表現はあえて避けるが、座って入る入浴以上に、立って入る入浴（立ち湯）の方が、腰回りの血行が良くなると医師から聞いたことがある。巷《ちまた》では、腰痛が改善されるとも言われている。

事実、長時間の乗り物移動で「足腰が重たいな」と感じると、真っ先に「立ち湯」に向かう。爪先立ちをして、両手を上げて、思いっきり全身を「ぐ～ん」と伸ばせば、伸びる、伸びる。全身にくまなく血が廻った感がある。

「立ち湯」は「ふもと旅館」、「いこい旅館」、「旅館こうの湯」で体験できる。さらに「ふもと旅館」の「立ち湯」は貸切風呂だ。人目を気にせず、自由にのびのび。なんだったら体操までできてしまう。「いこい旅館」は丸太が2本吊るされており、両脇に丸太を抱えて「立ち湯」に入るため、やはり足腰が伸ばしやすい。

黒川温泉のおいしい食の話題をもうひとつ。

黒川の旅館に泊まれば、ほぼ必ず夕食で出てくるのが名物のあか牛。赤身と脂肪のバランスがよく、ヘルシーなお肉だ。

阿蘇内牧の人気店「いまきん食堂」に、あか牛丼を求めて1時間並んだことがある。少しレアっぽく焼いたあか牛が丼いっぱいに並べられて、中央には温泉卵が落としてある。さっぱりとしたあか牛とコクのある卵の黄身を絡めると、いくらでもご飯が進んだ。

ちなみに昨今のサステナブルな社会情勢を受けて、阿蘇では新たな取り組みがなされている。普段は立ち入ることのできない阿蘇の草原で、特別な許可を得てあか牛を食する体験ツアーを実施し、その参加費の一部を草原の保全や管理に還元する。すなわち観光産業による、地域への還流の仕組みを作っている。おいしさだけではなく、環境問題への貢献も含めて、あか牛のブランディングに力を入れている。

ソウルフード「じゃじゃ麺」を本店でいただく至福

〈岩手県・つなぎ温泉「ホテル大観」〉


盛岡駅には午前11時頃に着いた。

その足で、盛岡じゃじゃ麺の元祖の店「白龍《パイロン》本店」に向かう。

「白龍」は駅から2キロほど。盛岡城跡公園地域にあり、櫻山神社の門前に店を構えている。

木造りの古い一軒家の「白龍」は、実に庶民的。いかにも町中華の風情だ。

到着した11時15分で、すでに7人が並んでいて、開店の11時半直前には15人が並び、開店と同時に狭い店内が人でぎっしりと埋まった。

カウンターに座ると隣のお客さんと肩がぶつかる。並み盛りのじゃじゃ麺を注文。カウンター越しからもうもうとした湯気が立ち込めている。大鍋で麺を茹でているのだ。

出てきたじゃじゃ麺も、もれなく湯気が立っており、麺の上に褐色の味噌ときゅうりと紅ショウガがのっているだけで、実にシンプル。白い麺の上に茶色、緑、紅が彩られており、色彩は地味ではない。むしろ派手。

平打ち麺をかき混ぜて麺をほぐす。具材を混ぜる。やや重たい麺で手が疲れるが、そのまま食べる。いかにもこってりしてそうな秘伝の味噌は、案外さっぱり味。カウンターにいる他のお客さんはラー油もにんにくもたっぷりと入れている。

そうか、テーブルの端に並ぶにんにくやラー油や酢を入れて、自分で好みの味に調整するのか。

私も少量ずつ加えると、にんにくの香りとラー油の辛味で、ぼんやりとしていた味が急にしまってきた。エキサイティング、ファンタスティック。一気に箸が進み、空腹を埋めるように一気に食べ尽くした。

空になった皿に卵を割り混ぜ、それをカウンターに差し出すと茹で汁を入れてくれる。これがじゃじゃ麺の仕上げの名物「ちいたんたん」という玉子スープ。実に優しい味で、刺激を受けた舌をなだめてくれる。希望すれば味噌も加えてくれるが、私はこのままいただいた。

「白龍」は屋台から始めた。もとは創始者が旧満州で食べていた麵を、盛岡に戻った時に、盛岡の人の口に合うようにアレンジしたのだそう。

盛岡を拠点とする旅では、ほぼ毎回、「白龍」で食べる。盛岡駅でもいただけるのだが、本店ではその風情があいまってさらにおいしさが倍増するものだから、時間に余裕があればタクシーを飛ばす。

満腹で盛岡を出てから、小岩井農場にも立ち寄った。

じゃじゃ麵のにんにくと秘伝の味噌の風味が口に残ったため、乳製品をデザートにしようと思いついたのだ。

まだ雪原の農場の一角にミルク館があり、門外不出のジェラートや低温殺菌牛乳などを口にする。牛乳は濃くてもさっぱりと清涼感がある。

農場を出て1キロのところに桜の一本木がある。雪上に一本凜々しく立つ桜の木と遠くに見える岩手山《いわてさん》の雄姿は見事なコンビネーション。

宿泊先のつなぎ温泉へと移動する。

つなぎ温泉は、そもそも南部の殿様のお気に入りの湯として殿様専用の湯治場となり、湯守が置かれたという格式ある温泉場。

現在は盛岡駅からローカルバスで30分強という利便性の良さで、団体客を収容できる大型温泉地になった。

つなぎ温泉はアルカリ性単純硫黄泉が湧く。湧出量に恵まれ、集中管理もしているが、源泉のある宿も少なくない。かつて殿様の湯治場だったのが現在の「ホテル大観」。ここで湯をいただく。単純泉の湯に白い湯の花が舞っている。

こちらを選ぶのは、温泉管理が徹底しているから。

とかく温泉は源泉そのままを湯船に注《そそ》ぐには熱すぎてしまうので、冷まさなければならず、湧き水を使うこともある。

「ホテル大観」は浴場のすぐ近くで温泉が湧き、その湧出温度は54度。人が入る適温まで冷ましやすいこともあり、極力人の手を加えずに湯船に注がれている。

宿が「風呂から出る時、シャワーで洗い落とさないでください。もったいないです」と謳っているのがその証。

水素イオン濃度（pH）９・０の湯はとろりとしている。

宿泊し、チェックアウトする頃、じゃじゃ麺の味を思い出し、また無性に食べたくなる。今度はつなぎ温泉から盛岡への帰りの道すがらにある別の店に立ち寄った。

つなぎ温泉は、東北の桜の名所へのアクセスが便利だ。角館《かくのだて》まで車で40分だし、弘前《ひろさき》までは1時間半。ここを拠点に東北のお花見旅行を計画しようとこの日は帰路についた。

砂蒸しのあとに、ひらひら舞う鰹節に心惹かれて

〈鹿児島県・指宿温泉〉


指宿《いぶすき》温泉は鹿児島薩摩半島の南東端に位置し、東シナ海と鹿児島湾に面している。中央部に池田湖があり、東シナ海沿いには、薩摩富士と名高い開聞岳《かいもんだけ》もある。

指宿はもともと江戸時代から栄えていたが、最も繁栄したのは東洋のハワイと謳われ、ハネムーンで賑わった昭和30年代（1960年前後）だろう。今もその名残はあり、空にそびえたつヤシの木や原色のハイビスカスはどこかエキゾチックで、ハワイを彷彿とさせる。以前、指宿市役所の方がアロハシャツを着用し出迎えてくださったこともあったなぁ。

指宿温泉と言えば「砂蒸し」だ。

砂蒸しだけでも、身体の芯まで温まるが、加えて温泉のお湯そのものも、これま

た温まり効果抜群のナトリウム含量が多い。指宿の泉質はナトリウム塩化物泉。入浴中に肌に塩の膜を張るため、保温効果がすごいのだ。

さて、砂蒸し体験とはこんな感じ。

まず入浴施設の館内で温泉に入浴。砂蒸し前に温泉入浴すると、より汗をかくため、砂湯の準備体操と私は捉えている。

それからコップ１杯の水を飲むようにと指示があるが、私はもっとたくさんぐびぐびと飲む。水分補給の後は、ロッカーで砂蒸し専用の浴衣に着替える。

海岸沿いの砂場まで行くと、いい塩梅《あんばい》に潮風が吹き、浴衣のままだとやや冷える。

砂場にはいくつかのこんもりとした山があり、先には人の顔が出ている。

そう、人が砂場に埋められている状態。見ようによっては、おかしな光景かもしれない。

浴衣のまま温かい砂の上に寝転ぶと、専門のスタッフが手際よく、身体にシャベルで砂をかけてくれた。

「ザクッ、ザクッ」

ずっしりとした砂をシャベルで持ち上げる様子を見ると、重たいだろうなと思いながら、徐々に、全身にくまなくかけられた。

砂の重さで、すっかり身動きが取れなくなる。

スタッフの方に「15分をめどに、長くても20分で出てくださいね」と言われたが、15分も入り続けていられるのかと思う程、砂で羽交い絞めにされているかのごとく、重たい。

波の音に聞き入り、2~3分経った頃だろうか。じわじわと温まってきた。まず腰から温まる。徐々に身体に熱が伝わるものだから、安心していたら、5~6分経った頃に大きな変化が起きた。猛ダッシュで温まり始めたのだ。

「ドクドク」

全身に血液が流れ、顔に汗がしたたる。

「鼻がかゆい！」

でも手は砂に埋もれていて、鼻に届かない。

鼻の頭に玉のような汗が滲む頃、今度は猛烈に心臓の鼓動が激しくなる。

「ドクドク、ドクドク、ドクドク」

その身体の変化が面白く、結局、20分ほど経過した。

「よいしょっ」

砂を払い、外気に身体が触れると潮風が吹き抜けた。爽快である。熱を帯びた身体が鎮められていく。

砂蒸し体験として最も心地がいいのは、砂を振り払う瞬間だと思う。固まった砂を壊して、出て、潮風を受ける。涼しい！

こうして思い出すだけで、「あぁ、またしたい……！」と切望するのである。

指宿温泉から少し南下すると山川地区がある。同じ指宿市内で、山川にも砂湯があり同様に楽しめるが、私にとって山川と言えば鰹節だ。

もうずいぶん前のことだが、海岸に向かう山川の町中を歩いていた時、店頭で「はいっ」と、削りたての鰹節を手のひらの上に乗せてもらった。

海風に吹かれて泳いでいるように揺れる鰹節を口に近づけると、香ばしい匂いがした。口に含むと噛み応えがあり、旨味ぎっしり。

え、これ、おやつなの、と。

それまでの鰹節と言えば冷奴にのせる添えモノという認識だったから、驚愕であった。

錦江湾《きんこうわん》に面し、翼を広げた鶴の姿をしている山川港は漁業や貿易の要《かなめ》であり、黒潮の流れを通して海外から文物を受け入れてきた歴史がある。その山川の特産品が鰹節。生産量日本一である。

古くから鰹の町として知られ、鰹節の製造は明治時代に始まったという。もちろん和食、出汁文化の重要性は言わずもがなであるが、私が鰹節好きになったのは、山川で削りたてを食してからで、いまでは日常にいつも鰹節がある。ちょっと小腹が減った時、マグカップに鰹節数枚を入れ、出汁の素を数滴、そしてお湯を注ぐ。寒い日はすり下ろしたショウガを入れたりもする。白米に鰹節をかけて、お醬油を数滴たらしていただくこともある。おにぎりの具として鰹節に醬油をかけたおかかを作り、そこにチーズも加える。良質なたんぱく質が手軽に摂れるおいしさを、指宿から足を延ばして山川まで旅したことで知った。

温泉宿で最愛の人の表情を撮る

〈鹿児島県・指宿温泉「白水館」〉

指宿と山川を訪ねると、亡き父の語録が思い浮かぶ。

「お前さんに連れてこられると、ずっと風呂に入らされる。おらは、もう一生分の風呂に入った。当分、風呂はいい」

指宿市内の指宿温泉、池田湖周辺の池田温泉、山川温泉とタクシーで次々に巡り、車を待たせ、さくっと湯あみをする私に付き合わされた時の父の言葉だ。

「忍者が出てきそうな、風呂らの〜」

どこの宿だったか、記憶は定かではないが、私が女性風呂から出てきた時に、父が宿のオーナーにお風呂の感想を伝えていた。

ユニークな感性を持ち、自分の気持ちを偽りなく、端的に言い表す父の言葉は、旅の間中、笑いをもたらした。

父は２０２１年３月に他界した。

幼少の頃、事故で身体が不自由になった妹が、２０１２年初夏に亡くなってから、それまで懸命に妹の面倒を看《み》てきた両親に、ぽっかりと時間ができた。だから父が病気になるまでの５〜６年間は両親と一緒に日本全国を旅した。私の地方講演を聴きに、新潟からはるばる各地に駆けつけてくれた。私が誘えば、「そうらな、行くか」と父は二つ返事で乗ってきた。

父が亡くなり、母と一緒に父の遺影を選んだ。

たくさんの写真の中から、母と私でそれぞれ5枚ずつ最終候補にあげた写真を並べると、全てが旅行中の写真だった。

旅館で夕食中の浴衣を着た3人ショット。貸切風呂の前で湯上がりの写真。行き交う観光客に撮ってもらった温泉町でのスナップ。観光列車に乗車中の1枚。

悩みに悩んで、母と決めた1枚は、指宿温泉「白水館」でチェックアウトを終えた時の写真だった。

「白水館」には島津家ゆかりの品々が展示されている。

時代小説が好きだった父は、館内に併設されている島津斉彬《なりあきら》ギャラリーをしげしげと見ていた。

海に面した部屋で、ずっと空と海を眺めていた。

黒豚の煮付を「やわらかいなぁ」と驚き、トビウオのお刺身を「初めて食べた」と珍しそうに眺め、「なんでここの醬油は甘いのか、しょっぱい醬油をくれ」と、宿のスタッフに頼んでいた。

「白水館」の名物で、江戸の元禄の頃を再現した「元禄風呂」は、柘榴《ざくろ》の湯や浮世風呂など趣向を凝らしている。その大浴場を満喫したし、もちろん砂蒸しも体験。

「あっつかった〜」と感想を述べ、いつまでも汗がひかなかった。

宿の方が「山崎まゆみさんのお父様」と言ってくれたのも、嬉しかった様子だ。旅館で行われる一通りが完了した時、父はなんと満たされた顔をしていただろう。遺影には、その写真を選んだ。

いまも実家の仏壇に手を合わせると、その時の父がいる。頬はピンク色に染まり、温泉旅館を存分に満喫したのがよくわかる。そして、少し誇らしそう。温泉旅館は最愛の人の最も見たい表情を写真に収められる場所なのだと、亡くなってもなお、父が私に教えてくれている。

指宿温泉で重たい砂を被りながら、父と来た時の出来事と言葉を思い出し、お腹の辺りの砂を揺らしながら笑いをこらえる。頬に水分が流れ落ちる。その水分が口まで届くと、しょっぱかった。

汗なのか、涙なのか――。

指宿に来ると、必ず思い出すのが父との旅であり、ひとりだから過去の旅をしみじみと追憶できる。

温泉で炊く桜えびの炊き込みに、ほっこり

〈静岡県・観音温泉〉

「山峡のいで湯とは、このことか――」

緑が萌ゆる頃、最初に観音温泉を訪れた時に、そう呟いたことをよく覚えている。だって山を切り拓き、1軒の宿がぽつねんとあるだけだったのだから。こんもりとした緑の匂いは今でも思い出す。

最寄り駅の下田駅からバスで20分ほど山に入ると、伊豆半島の秘湯・観音温泉がある。地下600mから湧く強アルカリpH9・5の源泉を有する。

初めて観音温泉に入った時、湯船の底が滑ることを知らずに、思わず「ツルン」。派手に転ぶまでには至らなかったが、足を滑らせてしまった。

決して掃除を怠っているわけではなく、湯船の底が自然にぬるぬるしてしまうのがこの泉質の特徴であり、〝おいしい〟の秘密なのである。

このお湯のとろとろ感は基礎化粧品類でいうなら肌触りはヒアルロン酸と似ているが、保湿効果はない。とろみは、水素イオン濃度の高いアルカリ成分が肌の角質

を溶かしたことによるもの。だから、湯上がりには保湿は欠かせない。もしこのケアを怠ると、瞬く間にカサカサしてくる。

観音温泉ではお湯をベースにした化粧品類やメイクアップ道具まで販売している。しかし私の場合、美の追求より、おいしさを追求してしまう。お湯がおいしいのだ。

この泉質の単純温泉はミネラルがバランスよく入っているため、「飲む野菜」と呼ばれている。飲みやすく、ミネラルウォーターとしても販売している。飲むだけでなく、料理に使っても美味。

この源泉で炊いた釜めしが私は好き。再訪の理由となる。特に、駿河湾の特産物として名高い桜えびが獲れる時期に訪問して欲しい。

夕食の膳につくと、ひとり用の釜めしが用意されている。夕食のスタートと共に釜に火が焚かれる。旅館の夕食だから、釜めしが炊き上がるまで、先付け、刺身、煮付、焼物などが進み、私が愉しんでいる間、目の前で釜は仕事している。

釜から湯気がたなびく頃、ちょうどメインの肉が並ぶ。メインが終わる頃は満腹感で限界に達しているが、釜はご飯を蒸している。そしてこのくらいになると、香ばしさが漂い始める。

宿のスタッフの方に「どうぞ」と言われて釜を開けると、「ぶわ〜ん」と匂い付きの蒸気が立ち上り、顔がほかほかした。

既に満腹に近いことを忘れて頬張ると、桜えびの風味がご飯に染みついていた。しみじみ、しみじみと噛み締める。ご飯って、なんでこんなに味が染みこむのだろう。お米を噛み締めるだけで、口いっぱいに桜えびの優しい味がした。味も匂いも、おこげまでも全てがまろやかなのだ。

目をつむると、相模湾の深海が浮かんできた。

ちなみに、春は「しらす釜めし」を目当てのお客さんもやってくるという。ひとり静かに過ごすのに、観音温泉は向いている。

秘湯ゆえの静けさ、際立つお湯の個性、噛むほどに味が広がる名物の釜めし。三拍子が揃っている。

かつてはぽつんと一軒宿だったのが、現在は50万坪の敷地に宿泊棟が並び、温泉ミネラルウォーター製造工場、野菜畑などが広がる一大温泉タウンに進化した。このように規模は拡大したものの、寛《くつろ》げる空間と静けさは保たれている。

ただそれには理由があり、女将の鈴木和江さんはこう語る。

「大正3年（1914年）生まれで、戦時中はラバウルに出征した先代の父の想いがあります。父は戦後間もなく、観音様のお告げがあったからと、こんな山奥に入り、ひたすら温泉を掘りました。そこまで熱心に続けられたのは、戦争の痛みを知り、健康の大切さを知っていたからだそうです。私はそれを受け継いでいるだけです。年老いて、足腰が弱ってきた母が転ぶ様子を見て、館内全てをバリアフリーにしました」

そんな理念で宿泊棟を増やしてきたのだという。

よく見ると、館内には絨毯が敷かれているが、車いすが移動しやすいように硬い素材だ。あちこちに手すりがあるけれど、館内の美観を損なわないようにしている。大浴場には段差なしに行けて、満天の星を眺められる露天風呂の入り口には、なだらかなスロープと手すりが設置されてある。全客室の7割がバリアフリールームで、客室にはとろとろの源泉が引かれている。最新の棟は丸ごとバリアフリー。食事面では減塩、アレルギー対応もあり。

ここまで創業当初の理念を徹底する旅館も珍しい。

シャキシャキ鳴門わかめとコリコリ鳴門鯛

〈徳島県・鳴門温泉「アオアヲ　ナルト　リゾート」〉

それまで添え物としか思っていなかった食材に詫びを入れたくなる時がある。伊豆半島の天城でわさび料理を食べた時がそうだった（『温泉ごはん』をご参照ください）。

そして、わかめにも詫びを入れなければならない。

徳島県鳴門《なると》でわかめのしゃぶしゃぶを食べた時の、驚きたるや。

口に入れる直前のわかめは綺麗な緑色をしていた。たしか春先だったから、思えば「新わかめ」と呼ばれる旬のものをいただいたのだ。わかめは少し長めにカットされ、つゆには昆布とショウガも入っていた。その熱々のつゆにつけて、軽くポン酢で。お皿に出された時は茶褐色だったわかめは、つゆにくぐらせると一瞬で、目が覚めるような緑色に変化した！

目を丸くしながら、ふうふうと冷まして食すと「シャキ、シャキ、シャキ」と軽快に鳴った。歯ごたえが音に表れる。

お店の人が、「鳴門の海岸線には、わかめ畑があるんですよ。栄養価も高いんです」と教えてくれたが、わかめ畑という言葉の妙も印象に残っている。いかにもミネラルが詰まっていそうだ。

噛みごたえ、潮風の香り、口の中でミネラルが溢れ出す感触、その存在感を認識し、わかめに詫びた。

「ごめんなさい、あなた、主食でいけるわ」

こうして徳島のひとり温泉のスタートは新鮮なわかめから始まった。

鳴門には温泉が湧いている。目の前には鳴門の海が広がる露天の岩風呂で、海から昇る朝日が拝めるロケーションで入浴した。

ミネラルたっぷりな鳴門温泉に入浴すると、ややねっとり、しょっぱいナトリウム塩化物泉だとわかる。そう、第2章で解説した「羽毛布団のような暖かさのある」塩化物泉である。一度入れば、ずっと身体はほかほかだ。

私が訪ねた時は「ルネッサンスリゾートナルト」だったが、現在は「アオアヲナルト　リゾート」に名前を変えている、とはいえ源泉は同じである。

宿泊施設は白を基調としたリゾートホテル風で、客室も白をベースカラーにしている。差し色にブルーを取り入れており、窓から見える蒼い海が余計に映えた。視界に入る色のほとんどが白と青だと、やはり爽やか以外の言葉はない。

テラスの椅子に腰かけて、ずっと蒼い海を眺めていた。

夕食は「阿波踊りの宴」という名のビュッフェでバイキング形式。しゃぶしゃぶコーナーにはわかめがあった！　わかめはもちろん、鯛も取る。鳴門の鯛はブランド鯛で、春と秋が漁獲時期。春に獲れるのが「桜鯛」、秋に獲れるのが「紅葉鯛」とのこと。

「鳴門海峡で育つマダイを『鳴門鯛』と呼びます。渦潮効果でおいしさが増すんです」と、ホテルのスタッフが教えてくださる。

濃厚な鯛、やや硬く感じるのは身が引き締まっているから。

「コリ、コリ、コリ」と口の中で響く。

しかし、しっとりともしており、脂の風味がこれまた強い。

コリコリ、しっとり。コリコリ、しっとり。コリコリ、しっとり。

相反しているものが、実際には同居しているのが「鳴門鯛」の食感と味である。

わかめも再度口にしたが、歯ごたえはやはり軽快であった。

食事が終わって客室に戻り、意表をついた食感と味の秘密を調べた。

やはり潮流が速い鳴門の渦潮《うずしお》にカギがあった。ここを泳ぎ切る鯛だから筋肉質となり、身が締まる。さらに渦潮は海全体を底からかき回すから、プランクトンが増殖し、そのプランクトンを餌とする魚たちは栄養を蓄え、脂を増す。とりわけ春の産卵を控えた「桜鯛」は、しっとりとした脂をまとっているのだという解説を読み、全てが納得できた。

ならば、その現場に行ってみようと、翌日は渦潮見学に繰り出した。うずしお観潮船に乗る。この日も晴天で、空の青さと海の蒼さに引き込まれそうだった。轟音が響く。飛沫が上がる。潮が渦巻く。その渦潮は、天気図でよく見る台風のようにまん丸で、真ん中が窪んでいる。ずっと見ていると、その窪みに吸い込まれてしまいそう。自然の驚異をまざまざと感じた。

こんなに激しい渦潮の周辺で泳ぎ、生きていた鯛なのか。そりゃ、鍛えられた証として、旨いだろう。おいしさの理由を体感的に理解した。

久しぶりに宿の公式サイトを覗くと、名前が変わっただけでなく、設《しつら》えも客室も進化しているのが窺《うかが》える。

「鳴門の絶景にインスピレーションを受けた5名の陶芸家の作品が客室の壁面を彩

る」「2024年7月には〝泊まれるアートギャラリー〟ゴッホのヒマワリルーム7部屋リニューアル」というキャッチに興味が湧く。

ただ、夕食の「阿波踊りの宴」は以前のままだった。またわかめと「鳴門鯛」を味わいに行こうかな。

働く戦士には都内で「リラックス・フレンチ」を

〈東京都・大手町温泉「星のや東京」〉

私の周りには働く戦士が多い。それも美しき女性の戦士たちである。例えば、女性起業家たち――。

彼女らは私の顔を見ると一様に「温泉行きたい!」と言う。私イコール「温泉」と印象付けられているのは、大変名誉なことである。

そんな彼女らが次に口にする言葉が「でも……時間がないの」だ。

涙目をして訴えてくる。多忙を極める人は、そうそうプライベートの旅には出かけられない。丸2日が空けられないのだ。

しかし、心も身体も砂漠化していることは確かであり、今すぐにエナジーチャージが必須である。

先日、星野リゾートの星野佳路《よしはる》代表にお誘いいただき、「星のや東京」で食事会が予定された。「せっかくなら宿泊も」とのご厚意にも甘え、泊まることにした。ただ実際には予期せぬ事情が発生し、食事会は開催されなかったため、「星のや東京」の1泊を丸ごと愉しませてもらうことにした。

地下鉄大手町駅から徒歩2分の「星のや東京」は、仕事の場としての日常から、寛ぎの場としての非日常までが、宿の扉ひとつで、あっという間。

「星のや東京」は初めての滞在ではない。「日本旅館を世界へ」と掲げる星野代表の熱い想いをうかがっていたし、２０１６年のオープン以降、何度か訪ねていた。

大手町のど真ん中のビル群でも、「星のや東京」のビルは突出した存在感だ。ビル全体には日本の伝統的な麻の葉模様があしらわれている。六角形をいくつも結びつけた幾何学模様をまとった優美な佇まいは、他のビジネスビルとは在り方からして異なることを強く主張している。

チェックインは15時。

大手町を足早に行き交うスーツ族を横目で見ながら、エントランスに入る。

天井が高い。壁面は白木で江戸小紋の設え、正面には桜の花が活けてある。靴を脱いで、素足で畳を歩く。館内は全て畳敷きである。近年の建築ラッシュで都内各所に林立した外資系ホテルではなく、あくまでも日本旅館として、内装も館内動線も計算されている。日常から非日常へ、わずかな時間でスムーズにして鮮やかな変換とでもいおうか——。

2階はチェックインをするロビーで、3階以上が客室となる。各階の中央にはリラックスロビーが併設され、軽いおつまみやハーブティーなどのソフトドリンクがいつでもいただける。

17階の大浴場に入浴する。

1500メートル掘削した大手町温泉を「星のや東京」最上階で入浴するとは、なんという高低差！　ちなみに掘削技術は進歩し、近年は2000メートルまで掘削可能になった。

そこまで深く掘ると、塩分濃度の高い海水が地中に閉じ込められた「化石海水」が湧出する。これが茶褐色の温泉で、ねっとりとした肌ざわり。温まり効果抜群で、ぐんぐんと身体に熱が入ってくるのがわかる。ふと、気づく。そうか、私の身体は冷えていたのだ。

徐々に身体が温まっていくこと以上に快感だったのが、大手町というロケーション。17階の大浴場の露天風呂は、天井は吹き抜けだが、高い格子に囲まれている。格子の合間からビル群とそこで働く人達が見える。通常、温泉旅館は自然豊かな立地に建っており、緑こんもりとした山の匂いや潮風の匂いが漂うものだが、ここは〝都会〟が匂った。

人様が働く気配を感じながら、自分だけが日本旅館で温泉に浸かることに、やや申し訳ない気持ちが芽生えたものの、やっぱり悦に入る——。

入浴後はスパ「四季」を予約してあった。温められたハーブボールをトントンと背中や肩に当ててくれる。オイルの香りは自分で選べた。トリートメントで2時間が経つ。

浴衣で素足のまま、客室階のリラックスロビーのソファーに腰かける。一口アイスに、お茶と羊羹と美しい桜の形をした和菓子をいただきながら、趣味の本を読み耽るとあっという間に時間が過ぎる。

さんざんほぐれた後に、夕食である。フレンチだ。

夕食は地下の食事処で摂る。フロアの中央には大きな岩が配され、壁面には幾重にも層が描かれており、地層をイメージさせる。地中に潜り込む感じなのだろうか。ひとりでも基本的に個室でいただける。

湯上がりだし、「浴衣、素足、すっぴん」で問題なし。

これ、すごくいい！　〝リラックス・フレンチ〟だ。

カジュアルなビストロもあるが、私の中でフレンチと言えば、多少なりともドレスアップするし、かしこまってしまう場である。だから極力ヒールを履いたりするが、格好つけたツケで足が痛くなってしまい、途中でヒールを脱ぎたくなるのが常である。

今日はそんなわずらわしさは一切ない。足は楽だし、浴衣もゆるく着ている。万事ＯＫ。さて、食べよう。

「星のや東京」は江戸時代、旧庄内藩主・酒井家の上屋敷があった地だ。参勤交代により地方から食材が集まったという史実になぞらえて、季節ごとに地域の食材を活かした創作フレンチが味わえるという趣向。

私が宿泊した２０２４年の春には富山と高知と熊本の食材を用いていた。メニューの裏の日本地図は、取り入れた食材の地域が赤く塗られており、江戸時代の航路も示されている。

最初のオードブル3点のうち印象的だったのは、炒めた新玉ねぎを挟んだそば粉のガレット。新玉ねぎの甘みが広がり、ガレットの香ばしさが襲いかかる。

1品目は北陸を代表する料理「かぶら寿司」。

旧加賀前田藩で作られてきた郷土料理で、現在は石川や富山の特産品となっている。通常は発酵させた鰤《ぶり》と蕪《かぶ》を挟んで漬け込むが、季節柄、桜鱒《ます》に変わっていた。

2品目の「鰹のたたき」は、ごくごく知られた高知名物だ。

通常なら藁で表面を焼いて香ばしくした生の鰹をショウガやニンニクなどの薬味でいただくが、全く違う調理法だった。鰹と血合をサンドイッチ状にし、牛乳でといたニンニクのまろやかなペーストと、高知名産のニラのペーストの2種類が添えられてあった。驚愕のアレンジである。

続いての「ぶえん寿司」は、漢字では無塩《ぶえん》と記す、新鮮な魚を酢じめしてご飯に混ぜる熊本の郷土料理だ。土鍋で炊かれたご飯の中に鯵と鯛が入っており、いったん食した後に、ホタテやミル貝、ハマグリなど4種類の貝から取った出汁を「ぶえん寿司」にかけるのだ。あんかけチャーハン風で、お米の隅々まで貝の出汁が染み渡り、貝そのものを食べているかのように風味豊か。なにしろお米も貝の出汁で炊いているそうだから、この一体感も合点がいく。

全8品中、4品目あたりで気付いたが、メニューの和風の料理名からフレンチに飛躍すべく、全てに独創的な工夫がなされている。工夫の中心は「ミルフィーユ」「サンドイッチ」「ペースト」にあると見た。その結果、1口目、2口目、3口目と、まるで異なる品を食しているかのごとく味が変化する。万華鏡のように多彩な味わいゆえ、一皿でも、幾品も食べた満足感が得られた。

もてなしてくれたスタッフが「料理長はよく『味のレイヤー』『トーン』という言葉で、料理を表現します」と言っていたが、味わった身からすると、うなずける表現だ。

と、能書きを垂れているが、この間、すっかり浴衣ははだけ、襟元もよれてきた。少し整えるものの、ま、個室でひとりだからよし。「いつものフレンチのように、ヒールで足も痛くならないし、料理に集中するぞ！」と気合を入れ直した。

この後のメインのお魚は鰆《さわら》。そしてメインのお肉は近江牛へと流れていく。

そのお肉は滋賀県の株式会社サカエヤの新保吉伸さんの手によるものと言う。新保さんと言えば、熟成肉のプロフェッショナル中のプロではないか。旨味が凝縮された肉を食せた、幸福感たるや——。

デザートの文旦《ぶんたん》を食べ終えた後、さらにサービスで、目の前であんこたっぷりのどら焼きを焼いてくれた。その遊び心も嬉しい。

浴衣で良かった。帯を何度もゆるめにゆるめ、無事に完食できた。

各地の食材で春の到来を表現していたし、一編の小説かのように、物語を感じるコースだった。

フレンチ特有の重たさがないので、満腹でも胃腸は軽快。だから、部屋で少し休んでから、また温泉へ行ける。

湯上がりは、もう一度リラックスロビーへ行き、甘くない炭酸水で喉を潤す。

深夜、知り合いの女性起業家たちの顔を思い浮かべて、「教えてあげよう」と思った。丸2日の休みが取れなくても、大手町温泉「星のや東京」なら手軽にエナジーチャージができるよ、と。

チェックイン15時、チェックアウトは翌日12時。これでも難しければ、17時頃に宿へ入るようにすれば、16時半まで仕事ができる。早退と翌日の午前休暇で、温泉とリラックスフレンチを愉しめる日本旅館が味わえる。

特注のベッドは寝心地が良く、オリジナルの浴衣も洒落ている。パジャマの肌触りが気に入って、ちょうど母の誕生日が近かったこともあり、母とお揃いで購入した。

翌日は目覚めの入浴で身体を起こし、しっかりと朝食も摂る。

客室に戻ると、朝の光に照らされた外壁の麻の葉文様が障子に映し出されていた。外では、みなさんが一生懸命働いている。

さて、私も仕事場に戻ろうか。

正午に「星のや東京」を出て、そのまま打ち合わせに向かった。エントランスの扉を出たら、気持ちもスッと切り替わった。

星野リゾートは、他の温泉旅館と比べて宿泊価格がやや高いイメージがあるだろう。ただ遠方の温泉地に行った場合の交通費を合算すれば、それほど大差はないかもしれない。

旅に出る時間の余裕がないなら、都内にあります、駆け込み日本旅館が。

名物ダムカレーに舌つづみ、美しくて優しい湯を堪能

〈群馬県・みなかみ温泉郷18湯〉

春の終わり、これから夏を迎えようとするタイミング。みなかみが最も美しい頃に関東平野の全域を潤す利根川の源流へと向かい、群馬県みなかみ町にある奈良俣《ならまた》ダムを訪ねたことがある。

奈良俣ダムは岩石でダム湖の水をせき止めているロックフィル式のダム。初めて見る奈良俣ダムの迫力に心奪われた。

この日はよく晴れており、ピラミッド式に石が積み上げられた巨大な壁の奥にある広大な湖に、カヌーを浮かべている人がいた。気持ち良さそう。

群馬県みなかみ町は雄大な谷川連峰が横たわり、豊かな利根川が流れる、いわば潤いの水の町であり、水源地帯である。

それゆえ、「関東の水がめ」と呼ばれるダムが７つある。

それらのダムを町の観光名所にしようと、２００９年にダムをデザインした「みなかみダムカレー」が考案され、いくつかのお店や宿で提供された。ダムカレーの

型と皿は統一し、ダム湖に湛えるルーはその店独自で勝負するというスタイルを取っている。

考案後、TV番組などで度々紹介されており、すっかりメジャーになった。

もちろんダムを見学に来るお客さんに人気だし、ダムカレーと温泉をセットに売り出す宿もある。

例えば、谷川温泉の「旅館たにがわ」では、アーチ式の矢木沢ダム、重力式の藤原ダム、ロックフィル式の奈良俣ダムの3種類を用意している。

先ほど見たばかりのロックフィル式を注文すると、色彩豊かなダムカレーがやって来た。ダムは白米で築き、ロックフィルの石はチーズで見立て白米の上にのっていた。ダムの管理棟はらっきょうで示すというユニークさ。

アーチ式の矢木沢ダムと重力式の藤原ダムのダムカレーは、やはりダムは白米で作られていて、縁取りに海苔があしらわれ、「くすっ」と笑みがこぼれるほど可愛らしい。

ダムカレーを食す際に、もっとも快感なのは放水である。

白米で作られたダムを一部崩壊させ、放水！

もといい、カレーのルーを流す。

リアルなダムの放水は勢いよく水が流れ出るため、近くで観ているとびしょ濡れになるほどだが、ダムカレーの放水はねっとりと重たい動きでルーが流れ出る。料理長こだわりの濃厚なルーとライスにらっきょうの酸味が効いていて、瞬く間にボリューミーな一皿を完食。

水源の町・みなかみには、清らかなお湯が湧く。

18もの温泉が湧いているのも、やはり谷川連峰の恵みである。

谷川温泉の「旅館たにがわ」でダムカレーを食べ終えた後、お隣の「水上山荘」を訪ねると、ロビーの大きな窓から谷川の山々が眺められた。山の頂上にはまだ残雪が見え、緑が濃くなってきた木々とのコントラストが鮮やかだ。窓が額縁となり、あたかも絵画のよう。

その眺めは露天風呂からも同じで、湯船に腰を下ろすと、ちょうどよい位置に谷川岳が見えるため、湯に浸かりながら谷川の自然を独り占めしたような気になる。

谷川温泉を後にして、湯檜曽《ゆびそ》温泉に向かう。

水素イオン濃度（pH値）が人の肌に近いことから、赤ちゃんも安心して入浴できることで知られる湯檜曽温泉。「林屋旅館」は昭和初期に造られたタイル張りのお風呂が風情豊か。「なかや旅館」は湯の特質から赤ちゃん歓迎の宿として人気を誇る。

みなかみは、JR上毛高原駅や水上ICを境に、大きく2つのエリアに分けられる。川場村に隣接する東側には月夜野温泉、上牧温泉、水上温泉、谷川温泉、湯檜曽温泉、川古温泉、宝川温泉が湧く。藤原ダム、須田貝ダム、奈良俣ダム、矢木沢ダムもこちら側だ。

新潟県湯沢町や苗場に隣接する西側には湯宿温泉、猿ヶ京温泉、法師温泉が湧き、相俣ダムがある。

湯治の宿として知られる川古温泉には緑の木漏れ日に包まれて入浴できる絶景露天風呂がある。人里離れた秘湯だから俗世から離れられて、こんなところに2〜3泊できたらどんなにいいか。

たくみの里近くにある湯宿温泉はかつて三国街道筋だった名残りからか、石畳の小路を歩くと、時の流れが他とは異なると感じる。妙に落ち着き、郷愁すら覚えるのは、温泉情緒があるからだろう。

宝川温泉は川沿いに延べ約470畳もの混浴露天風呂があり、タオルのレンタルもあるが、男女ともに湯あみ着着用。家族でお風呂に入るのによいのではないか。

法師温泉は明治8年（1875年）に「長寿館」を創業。この時の「本館」、明治28年（1895年）に作られた大浴場「法師乃湯」、昭和15年（1940年）に建てられた「別館」は国の登録有形文化財に指定されている。ここは多くの文人墨客を呼んだ。昭和初期には与謝野鉄幹・晶子夫妻。数年後には川端康成や直木三十五。それぞれ「本館」に泊まった。「本館」は築150年になるが、立派な柱と太い梁は当時のままだ。

大浴場「法師乃湯」は度々、旅雑誌の表紙を飾る。50畳もの広さの混浴の浴場。日中の灯りはアーチ型の小さなガラス窓から差し込む光のみで、そのほの暗さに落ち着く。

このようにロケーションや情緒はバリエーション豊かだが、概して、みなかみの湯は全て美しく、優しい。温泉は単純温泉や硫酸塩泉からなり、湯上がりは、もっちりとしたつややかな肌に仕上がる。

全ては水源の町ゆえの産物である。

今年（2024年）、みなかみを再訪すると、「これから、湧き水スポットを案内する計画がある」と聞いた。水源の町の魅力を押し出すのだろうか——。

新しく作られた「みなかみ湧水」のペットボトルのデザインがそれを象徴しているようだ。淡い緑と青を基調とし、残雪の山々や木々、ふくろうや鳥たち、ニホンカモシカ、そこで暮らす人も描かれていて、真ん中には大きな水滴。水がもたらす桃源郷に見える。

透き通ったボディに目の玉の瑞々しいいか

〈福岡県・むなかた温泉「御宿はなわらび」〉

ひとり温泉でありながら、食事をひとりで摂る寂しさを慮《おもんぱか》ってか、宿のご主人や女将が夕食の席についてくださることがある。

福岡県のむなかた温泉「御宿はなわらび」を訪ねた理由は、女将の小林佳子さんがSNSで投稿する数々の宿の写真に惹かれたからだ。博多駅から鹿児島本線で40分で、最寄り駅の東郷駅に到着。百万都市・福岡から近いから行きやすい。

翌日の午後に国土交通省の出先機関・九州運輸局が博多で開催する「女性のための宿泊業セミナー」のファシリテーターを任されており、前泊で「御宿はなわらび」に入った。

そこは女将のSNS通りの、実に静寂な空間だった。

２６００坪の広大な敷地に、中庭を巡るように、平屋で離れ形式15室の客室が並ぶ。子供はいないのだろうか、静けさが広がる大人のための宿だった。翌日に控えたセミナーの進行をおさらいし、ここでひとり静かに物思いにふけろう。そんな期待通りの宿だった。他のお客さんが犬連れだったのは、ドッグランが付く客室があるから。犬好きにはつとに知られた宿である。

そして嬉しかったのは、女将と予想以上に気持ちが合ったこと。SNSとは不思議なもので、ご本人の写真も拝見していたために初対面の気がせず、再会を喜ぶような感覚だった。

そんな女将が夕食についてくださった。

女将も、私の活動をご存じでいてくださり、しょっぱなから宿泊業界の問題点や課題を赤裸々に語ってくださる。私も、翌日のセミナーを控えていたために真剣に聞き入った。

食事がスタートし、女将の闊達《かったつ》なお人柄が徐々に判明してきた頃、「鐘崎《かねざき》いかの活き造り」が登場。

きらっきらのいかの姿がそこにある。ボディは透き通り、目の玉もまだ瑞々しい。

時おり元気に足を動かす。ちなみに、この日の午前まで泳いでいたそうだ。

一体これは、な、なんですか。いかから目が離せなくなっている私に対し、女将は、この圧倒的な存在感を示すいかを確保するに至った経緯を説明してくださった。

話は、「御宿はなわらび」の前身となった宿から始まる。

ここから2キロ離れた福岡一の水揚げ量を誇る鐘崎漁港に宿があった。特にいかとトラフグが採れるのだとか。

当時は近隣の炭鉱が栄え、マイクロバスの送迎付きで、炭鉱で働く男たちをお客としていた。その後、炭鉱は閉鎖され、時代は団体旅行から個人旅行へと移行していった。個人客を獲得するためには名物が必要である。そこで「いかの活き造り定食」を考案する。ただ台風やシケで船が出せないせいで、お客さんにいつも提供できなければ、名物とは言えない。安定して、生きたいかを提供することが求められた。

そこで宿に生け簀を作り、いかを泳がせたが、いかはナーバスな生き物である。少しのストレスで墨を吐き、同じ水槽にいるいかはその墨を吸ってしまう。共食いもした。

「それで生け簀を海の中の環境に近づけようと思ったんです。たまたま車を走らせている時に見かけたショベルカーから、思いつきました。生け簀に海水を引いてこようって」

そこからは、女将の快進撃である。

シケの晩、潮が引いたタイミングで、海の底にショベルカーを下ろして、穴を掘って、パイプを設置した。そのパイプを使って海水を宿まで引いた。

「うちの生け簀が見事、澄んだ海水で満たされました」

「え？　それ、本当にやったんですか」

「やったのよね〜。私、やったのよ……」と、女将は遠くを見る。

一瞬、何をおっしゃっているのかわからず、事実関係を女将に何度も聞き返した。その度に、女将は克明に語ってくださる。

現在はろ過装置などの技術が発達し、海水を引かずとも生け簀には元気ないかが泳いでおり、活き造りをいつでも食べることができる。

さて、そのいかである。そこまで情熱を注がれるとは、いかながらにして、天晴《あっぱ》れである。心していただくぞ。

箸でいかを持ち上げると、光沢があり過ぎて「つるん」と滑った。口に含むと、いかが泳いでいるような躍動感。逃がさないように噛み締めると「コリッ」と「もっちり」。そして甘く、どこまでも甘く、いか味噌のかぐわしさが広がる。口の中で「ぱっ」と花が咲くような甘さと香り。他の刺身も舌を押し返す弾力に感嘆した。刺身の鮮度は弾力でわかる。

ゲソはから揚げにしてくれた。「サクッ」「コリッ」と音を響かせながら食す。これで1杯を完食なり。いかで満たされた晩であった。

この夜、私の夢には元気いっぱいないかたちが現れた。

観光産業は日本の基盤産業に育っている。少子化の日本において、令和5年（2023年）度のインバウンド消費額は5兆円と過去最高となったのが、その証左《しょうさ》だ。円安が進み、外国人観光客に来ていただけるのなら、そこで稼いでいくのが順当。まして、都心だけでなく、地方で消費していただきたい。その流れの中核を担うのが地方の宿泊産業である。

宿は、地域の顔としての役割が大きい。

地域で採れる食材を使い、名物として観光客に出す。地域で栄えた歴史文化を活用し、伝えていくのも大切な役目だ。窯元が近ければその器を使い、生地の産地ならその布を室内の設えで使用する。伝統工芸品で知られる土地ならば、宿の各所に展示する。神話の郷ならば、その神話になぞらえた装飾をしたりする。その地に暮らす作家がいれば、ギャラリーも併設する。

宿は、外から来た人に地域を知ってもらうための、最初の扉である。

女将が懸命に切り拓いた「鐘崎いかの活き造り」も、まさにこれに当たる。もちろん女将も意識してのことだ。

私個人の好みではあるが、人の顔が見える宿が好きだ。

いまやデジタルトランスフォーメーション（ＤＸ化）の話題も盛んだし、宿泊業は常に人手不足。だが、唯一無二の宿になるのは、人との関わりや触れあいが残っているところだろう。資金に恵まれ、どんなに立派な施設にしても、人なくしては、ただ泊まれるハコでしかないのだ。

期せずして、女将から貴重なお話が聞けたひとり温泉。

女将とは初めてお目にかかったのに、胸襟を開いてくださるという以上に、ご自身の全てを包み隠さずに語る様は、肝の据わったド根性そのもの。私はこの晩の女将の語りを忘れない。

仕事柄、身近に女将がたくさんいるが、どの女将もキャラクターは異なるにせよ、みな肝が据わっている。闘ってきた者に特有の凜々しさと美しさを備えている。だから私は女将と呼ばれる人が好きなのだ。

旅先で魅力的な人と関われる時間を持つのは、ひとり温泉でも大歓迎だ。むなかた温泉は、ナトリウム・カルシウム含有の塩化物泉。しっとりと温まる。大浴場で入浴していると、近隣に暮らしているという初老のご婦人が現れた。「ここの温泉ね、あったまるのよ。それよりね、いか食べた？　ここのいかは凄いのよ」と、自慢してくださった。まさに女将のいかは地域の顔である。

若鮎とオーストリアワインのマリアージュ

〈京都府・湯の花温泉「すみや亀峰菴」〉


新潟出身、温泉専門家、和服をよく着るという3点から、私は酒豪に見られがち。温泉地に行くと、御主人が一升瓶を用意して待ち構え「語り、飲み明かそう」とお誘いくださる。

そのお気持ち、嬉しいです！　ただ大変残念ながら……前述した通り、私はほぼ下戸《げこ》なのである。

両親とも越後長岡出身なのに、2人とも飲めない。山崎家においては、家でお酒が出されるのは年に数回で、それもビール1本を祖父母と両親の大人4人でようやく飲み干せたと思ったら、4人とも顔を真っ赤にさせ、すぐひと眠りするという血筋である。したがって私も下戸であり、どんなに人に勧められてもチャレンジもしてこなかった。

ところが、ここ数年で日本酒ならお猪口1杯ほど嗜《たしな》めるようになった。きっかけは新鮮なお刺身をいただいた時。お刺身の脂を中和させたくて、地酒を一口含んだら、刺身の旨さが増したのだ。その後も少しずついただくようになり、今ではお猪口2杯までならいけるようになり、食を味わう楽しみが広がったように思う。食中酒として日本酒を好むようになっている。

京都の丹後地方、亀岡に湧く湯の花温泉「すみや亀峰菴《きほうあん》」ではオーストリアワインに挑戦した。

女将に「オーストリアワインは酸味が強いので、和食と最高のマリアージュ」と薦めていただき、白を頼んだ。オーストリアを10日間ほど旅をした時には口にしなかったが、まさか京都で嗜《たしな》むとは。

ワイングラスに注がれた、少し黄味がかった白ワインは辛味がキリリと爽やか。新潟の地酒の淡麗辛口にバラの香りを足したようだ。辛味と酸味は食中酒として、いい働きをするだろう。

「すみや亀峰菴」は懐石料理が自慢。その食事処にはおくどさん（かまどや、かまどのある所。その場を守る神様を指す）が湯気を立てていた。

先付、八寸と進み、名物「さごしの棒寿司」も白ワインと合う。コース終盤はやはり「すみや亀峰菴」名物の若鮎の塩焼き。

そもそも「すみや」とは、かつて炭を作っていたのが屋号の由来で、いまでも通年炭焼きを出している。食事処でも料理人が炭で焼く姿が見える設えになっている。竹筒の中に笹を敷いて、その上にのって若鮎がやって来た。なんでも京の舞妓さんが好んで食すそう。目の前に置かれた時に、炭の香りが漂った。

若鮎を頭からかじると、最初に炭の匂い、次に焦げた皮の香ばしさ。口いっぱいに香りが充満した直後、今度は苦みが襲ってきた。口の奥がキュンとした。ここで白ワインを口に含ませると、芳醇な香りで口内がマイルドに。

「お酒を嗜めるようになって、良かった」。心底、そう思った。

噛み締めると、若鮎の卵が飛び出てきた。「ぷちぷちっ」と、音も楽しみながら噛み締める。そしてまたワインを口に。

京野菜があるように、亀岡にも亀岡野菜があり、替り鉢では金目鯛のしゃぶしゃぶを亀岡野菜の水菜、三つ葉、ネギと共にいただいた。

丹波と言えば黒豆が有名。デザートに出された黒豆羹も、コクの黒豆はやはり名産の味。帰りに黒豆茶を購入しようと心に決めた。

ここまでさんざん料理を記したが、「すみや亀峰菴」には驚くお風呂が２つある。まず野天湯。実はこれ、異例の湯なのである。

そもそも野天湯とは山峡のいで湯で、ワイルドなロケーションがウリ。人が管理していないことが多いため、危険と隣り合わせである。たとえ宿があったとしても、秘湯の一軒宿といった素朴な宿で、食事は土地の人たちが山菜やきのこなどの手料理でもてなしてくださるのが一般的。

――にもかかわらず、「オーストリアワインとマリアージュ」と言っている洒落た宿が、野天湯である。なんでも、隣の旅館が廃業したことにより、そこを購入し、そのまま野天湯もついてきたという。

それが貸切風呂「山の隠れ湯」。

「すみや亀峰菴」から砂利の散策路を５～６分行くと、四方を山に囲まれ、露天風呂を覆うように木々がこんもりと茂っている。その木々の葉の合間から陽が射し込む。光は葉を通して、緑に染まり、湯に降り注ぐ。見上げると青紅葉だった。湯船に葉が落ちているのは、野天湯の証である。

「秋には真っ赤になります」という女将の言葉に、その情景を想像する。

女将は「外国の方が大変喜ばれます」と言っていた。確かに外国人観光客は、宗教上の問題や、そもそも同性でさえも裸を見せあう習慣がないため、誰もが大浴場を楽しめるわけではない。よって最近は、客室に温泉を引いた露天風呂付き客室を作ったり、貸切風呂を新設するのが主流だ。たださすがに大自然の中に裸で飛び込める野天湯は見たことがない。貴重な体験になるという意味でも、「すみや亀峰菴」の野天湯はぜひ外国人にも入ってもらいたい。

もうひとつ注目すべきは、かのジョン・レノンが入った「岩風呂」だ。今は女性専用風呂になっているので、私も入浴した。浴場の壁面と湯船を岩で覆うその風呂は、昭和45年（1970年）の大阪万博の好景気で沸いた時に作ったという。

「今では岩風呂はごく一般的ですが、当時は相当洒落ていたそうです。ジョン・レノンさんが入浴されたのは昭和52年（1977年）です。茅葺《かやぶき》屋根の別荘を探しに丹後にいらしていまして、うちはお昼とお風呂のご用意をしました」と、女将が教えてくださった。

私が訪ねたのは若鮎が旬の6月下旬だったが、湯の花温泉近隣では丹後まつたけが採れることで知られる。

女将から「春は採れたてのタケノコを炭で焼くので、食事処ではタケノコの甘い香りが漂います」と聞いた。

あぁ、オーストリアワインと丹後まつたけとタケノコは合うのだろうか、いや合わないわけがない。

涼やかなかんざらしと郷土食「具雑煮」

〈長崎県・島原温泉〉


残暑の頃、長崎県島原半島の武家屋敷を訪ねた。

武家屋敷街の真ん中には、40メートルほどの水路に清らかな水が流れていて、学校帰りの子供たちが水路で遊んでいた。

「部活の練習で足が疲れた。水で冷やすと気持ちいい」と言っていた。

私も水路に足を入れてみると、30秒ほどで足が痛くなるほどの水温に驚いた。川底の砂の粒の形までよく見えるほど透き通った水に、つい手を伸ばし、顔まで洗ってしまった。この年の酷暑で疲弊していた私は、生き返った。

武家屋敷に並んでいた茶屋に入り、湧水で冷やした「かんざらし」をいただく。島原の人たちが長く愛してきた夏のデザートである。島原の湧水に黒砂糖やザラメで作った特製の蜜と白玉が浮いていて、モチモチとした白玉を食べたあとにこの蜜も飲み干す。さっぱりとした甘さが涼を運んでくれた。

少し町を歩くと、わざわざ湧水を汲みにポリタンクを持った人たちを見かけた。「雲仙と眉山《びざん》からの伏流水なんですが、島原の人らは、みんなこの湧水を飲むんです。特に夏は冷たくておいしいから。地元の人しか知らないとっておきの場所を教えてあげますよ」と島原温泉観光協会の方が示してくれたのは、眉山の麓にある焼山神社境内の湧水スポット。

鬱蒼《うっそう》とした緑のなかに水が湧き、苔《こけ》もこんもりと生えている。水が細かい霧となり、気温も2〜3度低い様子。飲んでみると、喉にミネラルが残るほどの硬水だった。

島原はどこを歩いても湧水や水路が目に入り、瑞々しい音がする町だ。

潤いの島原には、しかし悲哀の歴史があり、その歴史にちなんだ郷土料理がある。島原の乱では天草四郎が3万7千の信徒たちと3か月もの間、籠城した。この時に城に残っていた餅と山から採ってきた草や、粗末な海産物などを入れて煮込んだ兵糧食が「具雑煮」と言われた。

今では島原名物となった「具雑煮」は、出汁に餅と10種類以上の具がごった煮にされている。

島原城前にある元祖「姫松屋」で「具雑煮」をいただく。土鍋で運ばれて、蓋を開けるとフワッと出汁の香りが広がる。まずスープを一口。優しい鰹出汁で手が止まらなくなる。食すと、細切りにしてあるごぼうがアクセントとなり、かまぼこ、しいたけや蓮根、魚の切り身と具材も豊富で、そこに小ぶりの餅が入る食べ応え。根菜や餅といった身体が温まる食材と熱い出汁が、冷たいものばかり食べて少し弱っていた胃腸に染み渡り、ほっこりとした。

宿に選んだのは、島原温泉のなかでも由緒ある「ホテル南風楼」。有明海を一望する露天風呂で一汗流して、就寝。

翌朝は5時に起きて、有明海から昇る朝日を眺めながら温泉に浸かる。強い光で目が開けていられないほどだったが、朝日を浴びながらの入浴は気力が増す。なお奥島原には新山温泉上の湯があり、ここは鉄分豊富な茶褐色の鉱泉だ。

帰りは、島原鉄道島原線で諫早《いさはや》まで戻る。

藍色をした穏やかな有明海を眺めながら、ガッタンゴットンというのんびりゆったりとした列車の音が誘いとなって、うとうとしてしまった。

盆地を眺めて、〝貴婦人〟なシャインマスカットを

〈山梨県・石和温泉「ホテル古柏園」〉

これが盆地というものか——。

城壁のように四方を山に囲まれ、真ん中に人の営みがある。それぞれの家はとても小さい。それに比べると、なんと山々は雄大なことか。幾重にも峰が重なる光景に天から光が射し込んでくると「はっ」と息を呑んでしまう。

山梨県笛吹市に湧く石和《いさわ》温泉「ホテル古柏園《こはくえん》」の8階ラウンジから、富士山や南アルプス、秩父山麓などに囲まれた甲府盆地を眺めると、戦国武将の武田信玄が思い浮かんだ。そう言えば、武田信玄はこの地に巨大な城を構えたわけではなく、周りの山々を要塞とし、盆地ならではの地の利を活かした国づくりをしたのだった。

8階ラウンジで、しばしの時を過ごした。

眺めは、見て飽きることがない。景色に想いを馳せては、パソコンに向かい手を動かす。また風景に目をやり一息つく。

ラウンジでワインが飲めた。よく知られた「甲州」など、赤白８種が用意されている。

「古柏園」の前身はぶどうとワインを生産する農園だったこともあり、甲州のぶどうを誇りとするからこそ、甲州の地形を見渡せて、ワインで酔えるラウンジがあるのだろう。

こうして土地を俯瞰《ふかん》すると、知的好奇心が募っていく。話し相手のいないひとり旅だから、ますます色々知りたくなる。このラウンジに、地形を解説してくれる展示か書籍か、何かあれば嬉しかったなぁ。

ネットで検索すると、甲府盆地は「天然の水がめ」と呼ばれていた。地下構造は、スポンジを敷き詰めた洗面器のようになっていて、いわば巨大な地下貯水池だ。多くの水がそこに蓄えられている。

そもそも甲府盆地は山が隆起し、平野が沈降して出来上がった。盆地は深い窪みとなったが、河川によって運び込まれた砂礫や、盆地の北にある黒富士の噴火による火砕流の堆積、北西の八ヶ岳の崩壊による韮崎岩屑《にらさきがんせつ》流堆積物などで次第に窪みが埋まり、平野となった。

またマグマが冷えて固まった花崗岩《かこうがん》や安山岩などの火成岩で形成された山梨の地

質は水を通しにくい。堆積物が覆うように甲府盆地や八ヶ岳、富士山などの河川沿いに広がり、雨や河川の水が浸透する。結果的に地下水が豊富になる。

――ということらしい。『地図で読み解く初耳秘話　山梨のトリセツ』（昭文社）を抜粋したWebの記事で知った。

石和温泉の各所で、「桃・ぶどう日本一の郷」のポスターが目に入ってくる。パンフレットをめくると、その理由はまず水はけのいい土壌、澄んだ水。さらに年間の日照時間が日本一長く、盆地特有の昼と夜の気温差が大きいため、おいしい果物が育つ環境になると示してある。

特に笛吹《ふえふき》市は「シャインマスカット」の生産量が全国1位という。

そりゃ、おいしいでしょう。

美しく輝くシャインマスカットは、まるで貴婦人のような佇まい。親指と人指し指で丸い輪を作ると、スポッとはまるくらい、1粒が大きい。

皮はわりと厚め。噛むとパリッと音が聞こえてくる。

芳醇な甘さは糖分だけでなく、栄養、活力、気力の全てを与えてくれた。

果実でありながら、まるで主食のような満足感。1粒食べただけなのに、なんだろう、この幸福感。

焼けるような暑い一日を終えた時、このシャインマスカットを口にして、全ての疲れがぶっとんだ。

地形を見た後で、その地の名産を食すと、全てが腑に落ちて、おいしさが増す。石和温泉もまた、この盆地ゆえの温泉である。

実は石和温泉の歴史は浅く、開湯は昭和36年（1961年）。ぶどう畑で井戸の掘削中に、突如、毎分1200リットルの高熱温泉が噴き出た。湧出量の多さから、近くの川へと温泉が流れ込み、そこに人が入る。当初は「青空温泉」と呼ばれ、地域の人に愛された。その証として、石和温泉の宿にはほぼ必ず、「青空温泉」当時の写真が掲げられている。石和の人たちにとっての原風景であり、誇らし気である。

現在も、49度のお湯が毎分20000リットル湧出する。泉質はアルカリ性単純温泉。

石和温泉の大きなメリットは、首都圏から近いことだろう。

新宿駅から特急「かいじ」で90分ほど。バスだと2時間。東京から日帰り客も多いというし、移動に体力を消耗しないから、構えずにサクサクと行ける。

コロナ蔓延前は団体旅行で賑わいを見せた石和温泉だが、実は滞在を愉しみたいと思わせる、バリエーションに富む宿が揃っている。

ひとり温泉の旅先にも選びやすい。

昨年（2023年）の晩夏は「銘石の宿　かげつ」に宿泊した。

数多くの文化人や芸術家に愛され続けてきた宿だが、その特色は日本庭園にある。5000坪の庭に巧みに配置された巨石や奇石や銘石に目が釘付けに。加えて1万匹もの錦鯉が泳ぐという。渡り廊下で庭を散策しながら、よく肥えた錦鯉を見る。客室からも美しく整えられた庭が眺められ、庭に出ることもできる。玄関やロビーなどのパブリックスペースに置かれた屏風や衝立の絢爛さ。いちいち、目を見張る。

ここのお風呂もやはり巨石、銘石に囲まれている。ここまで銘石に触れられる湯船は珍しい。「かげつ」は、「ザ・日本」である。

石和温泉駅から徒歩3分と近い湯宿が「糸柳《いとやなぎ》」だ。

館内に4か所あるお風呂のうち、「吹き抜けの大貸切風呂」の2か所は、一般的な大浴場の広さに匹敵する。湯船は、床と段差がないフラットなタイプのお風呂と、湯船の横に腰かけられるベンチが付いたお風呂の2種類がある。

特筆すべきは薬石を使用したスチームサウナ「嵐の湯」と〝日本一〟を自負する朝食だろう。宿泊プランも充実していて、ひとり温泉にも優しい。

もう一軒、気になった宿があったのだが、休館日で温泉に入ることができなかった。

その宿は玄関前に、高さ3メートルはありそうな巨大なトイが45度の傾斜で設置され、源泉が流れている。湯に触れれば、入浴したくなるというのが人の気持ちである。でもその願いは叶わず、後ろ髪をひかれながら帰路についた。

今度来た時は、必ずここに入ることを心に決めて。

温泉蒸気料理＆〝完熟の湯〟で風邪が治った！

〈山梨県・石和温泉「旅館　深雪温泉」〉


今年（2024年）に入り、そのトイの宿——念願の「旅館　深雪温泉」に予約を入れて再訪した。

「深雪温泉」と表していながらも、私がラウンジからの眺めを愉しんだ「ホテル古柏園」の2軒お隣の宿だから、石和温泉内にあるのだ。

この旅館にあるという「完熟の湯」、なにやらやけに意味深げなネーミングではないか。

どう、完熟した湯なのだろう？？？

そもそも温泉の表記に「完熟」を使うのは、面白い。

さらに、である。

玄関に吊るされた提灯《ちょうちん》にあった「完熟の湯」という文字が記憶から消え去ることがなかったのだ。

太い墨文字で、でっぷりと見えるが、筆さばきは俊敏。とにかく存在感あふれる文字だったのである。

源泉を流すトイといい、湯名の文字といい、外観からは宿のオーナーのお湯への自信が誇示されている。

しかし、である。

再訪の2日前から風邪をひいてしまった。高熱という程ではないが、微妙な体調不良で、当日を迎えた。

冬の晴れ渡る空を眺めながらも、いまひとつ本調子でない。今日は「完熟の湯」を愉しめるだろうか、身体がお湯に負けてしまわないだろうか、不安を抱えながら特急「かいじ」に乗った。

チェックインの15時に宿に入ると、いわゆる小規模な温泉旅館といったところか。

1階に「完熟の湯」と「桃の湯」「ぶどうの湯」がある。通路には著名な方のサインが入った色紙が掲げられており、山田洋次監督からレミオロメン、純烈、徳永英明と続く。この人たちも「完熟の湯」に惹かれて来たのだろうか。

お湯のホンモノ感を見極める際の、私なりの基準がある。
・深夜も入れる。ただ24時間ではなく、掃除により入れない時間もある。
・HPにお湯についての解説がある。それも長く、くどいほどに。
・温泉を料理に使おうとしている。泉質によっては使いにくいものもあるが。
「旅館　深雪温泉」はそれら全てをクリアしていた。ちなみに自社Webサイトには、お湯をこう誇っている。

「自家源泉【完熟の湯】は1分間に1415リットル（ドラム缶7本分）の湧出量。敷地内からポンプアップ無しで自然湧出する新鮮な自噴源泉を各浴槽に直接配管し、循環・加熱・加水・塩素滅菌一切なしの完全放流式。深雪温泉は【完熟の湯】100%源泉かけ流しを堪能出来る宿です。湯船からドバドバと流れる源泉は圧巻！溢れだした湯は川の様で、目で肌で本物の掛け流し源泉を体感出来ます。肌に優しいアルカリ性の柔かな湯はカラン・シャワーにも利用していますので、あがり湯を浴びても源泉の効果が保てます。玄関先では源泉を汲んで持ち帰る事も出来ますので是非お試し下さい。」


このくどさこそ自信の表れ！　期待で胸が高鳴る。

客室で浴衣に着替えて、「完熟の湯」へと向かう。エレベーターはないため、3階の客室から下りていく。

「完の湯」湧出量573ℓ／分、泉温50・8℃、水素イオン濃度pH8・23
「熟の湯」湧出量842ℓ／分、泉温36・0℃、水素イオン濃度pH8・50

この2本を混合すると、人が入る適温となり、「完熟の湯」が出来上がるのだと浴場に表記されていた。

「完熟の湯」の露天風呂には白木の枕木があり、そこに両腕をかけて、湯船に浮かぶ。湯温は40度程だろうか、外の涼しい風があいまって、熱すぎず、ぬるすぎず、ちょうど良い。

ただただお湯の中に身を任せてゆらゆらと。20分ほどを過ごす。徐々に身体から力が抜けていく。ほどけてゆく。

部屋に戻ると夕食の時間。

温泉を使用した料理、やっぱりありましたよ。それは温泉の蒸し豆腐。モロッコで食べたタジン鍋の器を使って、豆腐を温泉で蒸してある。特に温泉の香りはしなかったが（この日、体調不良のため匂いに鈍感だった可能性もあり）、オーナーのお湯への心意気を感じながらいただいた。

満腹で動きが緩慢になりながらも、今度は「桃の湯」に入りに行った。露天風呂に枕木はなかったが、湯船の縁に頭を置いて、やはり身体を浮遊させた。

身体がゆらゆらとお湯に揺れる。その度に、何かが抜けていった。それは風邪の菌なのか、コリなのか、心にあった毒なのか、何が流れ出たかは定かではない。ただ身体を困らせていた何かが抜けていったことが実感でき、それが得《え》も言われぬ快感であった。

この晩は、読もうと楽しみに持参した小説『成瀬は天下を取りにいく』（新潮社）を開く間もなく、21時にはコトンと眠りに落ちた。

深夜に目覚めて、時計を見ると1時だった。お手洗いに立とうとしたが、背中が布団にくっついて離れない。マジックテープで留められているかのようで、そしてその強力なマジックテープは剝《は》がされることはなかったため、そのまま眠り続けることにした。寝ても寝ても、眠れた。

ホンモノの温泉に入ると、こういう経験がままある。腑抜けにされてしまうのだ。自力で動けない時が流れる。

これを私は「強制的脱力」と呼ぶ。

朝6時に目覚めた。風邪が抜け、完全復活を自覚した。

さ、目覚めの風呂だ。

湯から上がった後は、朝食まで『成瀬は天下を取りにいく』をめくり始めた。ぐんぐんページが進む。小気味良い文章が心地よく、読み心地が爽快。飄々としている風に描かれているが、その言動は凜々しい主人公・成瀬と、成瀬に憧れる控えめな島崎。

中学生2人のキャラクターのコンビネーションが絶妙で、物語は快調に進み、あっという間に読み終えた。蒼い青春が匂い立つ小説に触れ、気持ちが若返る。

ホンモノの温泉と若さ溢れる小説で、風邪、完治！

ゆったり読書三昧

まっ昼間から布団に入り、藤沢周平の世界に耽る

〈山形県・湯田川温泉「九兵衛旅館」〉

山形県鶴岡市の湯田川温泉「九兵衛旅館」が、藤沢周平と縁があったことは知っていた。藤沢周平自身が、「鶴岡に帰省する際には九兵衛旅館を使う」と書いているのを、何かで読んだのだ。

この日、仕事で湯田川温泉に出かけた。ただ仕事開始時刻より5時間早く「九兵衛旅館」に入ることができたら、〝束の間のひとり温泉〟を楽しもうと目論んだ。

靴を脱いで入る玄関ロビーの奥の通路に、藤沢周平ギャラリーがある。

私が大滝研一郎社長に藤沢周平について尋ねたことがあったので、藤沢周平がひとりで来る時に使ったという2階の客室「桂」を空けておいてくださっていた。

「桂」は8畳間に4畳の広い縁側が付く。

床の間の掛け軸は直筆で、

軒を出て
犬宴月に
照らされる

藤沢周平

と書かれてあった。

縁側には、ところどころ剝げた机に籐のいすが置かれてある。そのいすに腰かけて、お茶請けに用意されていた紅あずまを使用した「栗きんとん」とお茶をいただきながら、庭に目をやった。

窓越しに、雪化粧した日本庭園の中庭が見えた。立派な松の木々にしっかりとした雪囲いがしてある様子からして、雪深いのだろう。今年はたまたま暖冬で、木々に少し雪が乗っている程度だった。

藤沢周平の小説に出てきそうな風流な光景だった。

「九兵衛旅館」と言えば、金魚が泳ぐ大浴場が名物だ。もちろん湯船で泳ぐわけではない。泳いでいるのは壁面にはめ込まれた大きな水槽だ。

泉質はナトリウム・カルシウム－硫酸塩温泉。さらさらとした肌触りで、のんびりとした気持ちで水槽を見ると、水面がゆらゆらしていた。しばし金魚の動きを目で追った。旅の道中の疲れが取れ、ほっとゆるんだ。

さらりと作務衣《さむえ》を着て「桂」に戻る途中、同じ階に藤沢周平作品が並ぶ書棚とゆかりの映画ポスターが飾られた一角を見つけた。

書棚には『たそがれ清兵衛』『密謀』『海鳴り』『隠し剣孤影抄』『白き瓶』と藤沢周平の代表作が並び、他にも多くの作家の代表作が並んでいた。

私は藤沢周平の『たそがれ清兵衛』『密謀』（新潮文庫）、『海鳴り』（文春文庫）の他、森まゆみさんの『路地の匂い　町の音』（ポプラ文庫）、あさのあつこさんの『バッテリー』（角川文庫）１巻、遠藤展子氏（藤沢周平のご息女）の『藤沢周平遺された手帳』（文春文庫）などを手にして部屋に帰る。

最初に客室に案内してくれた女将さんが、「おひとりのお客様の場合は、いつもお布団を敷いておくんです」とおっしゃった通り、８畳間の４分の１のスペースを布団が占めていて、「ごろんとしてくれ」とばかりに、布団に誘われた。

窓からは青空が見えた。まっ昼間である。

ま、いっか。

するすると布団に潜り込む。

旅館に宿泊する際の醍醐味は、これだ。

お天道様が見ている中、ノリが利いたシーツに、足で「パリパリ」とノリを剝がしながら隙間を作り、割って入る。昼からいいのか？　と背徳感が芽生えるが、これがまた良い。

そして、現実社会を繋げてしまう携帯の電源を切る。メールなど見て、せっかくほぐれた気持ちが途端に元に戻るのはたまったもんじゃない。「私を探さないでください」という気持ちで、完全にオフ。

布団でごろごろして、本を片手にしたら、お酒が欲しくなりますね。でも残念ながら、私はこの後に仕事があったのです。

まずは見開きで読み切れる随筆から入る。

森まゆみさんの随筆集は私も土地勘ある谷根千《やねせん》を描いていて、光景を思い浮かべながら読み進める。なんと、団子坂が東京のモンマルトルとな。そうか、そうか。見開きで読み切りという短さも、またいい。『バッテリー』は安定した読みやすさ。次に『藤沢周平　遺された手帳』をパラパラめくり、藤沢周平がどんなに家族想いであったかを知る。

ここまでが準備体操。いよいよ長編『密謀』に入ろうか。

布団から出て、ひょっとしたら藤沢周平も縁側の籐のいすに座ったかもしれないと想像しながら、このいすに腰かけて『密謀』を読み始めた。

ほんの束の間で、上下巻を読み切れるわけもないが、それでも、藤沢周平の気配を感じながら読む。

やや緊張。

いつもは温泉に入り、その後、本を手にすると、瞬く間に眠りに入るが、今日ばかりはかなりのページをめくれた。著者が滞在した部屋でその作品を読むのに、眠りこけてははなはだ失礼である。

夕方から夜にかけての仕事を終えて、深夜に「九兵衛旅館」に戻ってきた。

湯田川温泉は開湯1300年と長い歴史がある。由豆佐売《ゆずさめ》神社と神楽がシンボルだ。こぢんまりとした温泉街で、大型旅館はない。メインストリートは80メートル程で、中央に、地元の人が家のお風呂がわりに利用する共同湯「正面湯」がある。みな、入浴前に由豆佐売神社に一礼してから、入る。ちなみに湯田川温泉の旅館のお風呂には神棚があり、お湯が祀られているが、その神様は女性の神様という。観光客も「正面湯」に入ることができる。よく清掃された浴場で、地元の方は観光客を見つけると、気さくに話しかけてくれる。

遠くの親戚の家に来たような、そんな親しみやすさが湯田川温泉の魅力だとつくづく思う。こういう安心感のあるところにひとり温泉で来たいし、心身共にゆるめて、ひらいて、読書したい。

「九兵衛旅館」で朝食の席につくと、冬の庄内地方のおいしいものが揃っていた。鱈《たら》汁と鱈の子である。真鱈の子を醤油とみりんで味付けしたおかずも添えられている。鱈汁も鱈の子も七味をかけた。あったまったし、朝からお酒も欲しくなった。「鱈汁で一杯」やりたくなる。

この他、庄内塩で味付けする納豆も珍しかった。

朝食を終えたら、もう少し布団でごろごろしながら本を読んで、それから宿を出ようか。

ひとり散策、いと楽し

「日本一、浴衣が似合う温泉街」でそぞろ歩き

〈兵庫県・城崎温泉〉

ひとり温泉にとって〝移動の足〟は大きな悩みである。

私は基本的には公共交通機関を使うが、貴重な時間とお金を天秤にかけた結果、タクシーを利用することも多い。ただタクシー頼みでは、お金がかかって仕方ないし、まして近年は地方で流しのタクシーを捕まえるのは至難の業《わざ》だ。

その点、温泉街がコンパクトにまとまり、宿泊先から浴衣と丹前と下駄でそぞろ歩きがしやすい温泉地は、実に魅力的なのである。余計な移動をしなくて済むのはとても嬉しい。

そのような楽で便利な温泉地の筆頭に挙げられるのは「日本一、浴衣が似合う温泉街」と自負する兵庫県城崎温泉だ。

城崎は大正14年（1925年）の北但大震災で町が壊滅したが、その復興の過程で、町を一つの旅館と見立て、宿を拠点にした徒歩で町歩きしやすい環境づくりに

成功した。

景観を重視した温泉地だけあり、メインストリートの柳通りの真ん中には大渓川が流れ、その両脇には柳の木が風にそよぎ、木造の旅館が立ち並ぶ。

その町並みは実に美しく、「日本一、浴衣が似合う」と謳うだけのことはある。感嘆するのは、町の灯りの使い方。温泉情緒を醸し出す上手なライティングなのだ。極力、蛍光灯は使用せず、行燈《あんどん》のようなほのかな灯りが街を照らす。夜はいっそう情緒が増し、散策に出たくなる。

コロナ蔓延前は、浴衣を着た外国人観光客が首からカメラをぶら下げて、あちこちで町並みの写真を撮り、「アメージング！」を連発していた。

さて、城崎温泉でいちばん心うきうきするのは7つの外湯巡り。

城崎は温泉を集中管理しているため、お湯はどこに入っても似た印象を受けるが、露天か内風呂か、タイルか木製か岩風呂かで違った楽しみ方ができる。

駅前にある「さとの湯」は古き良き昭和のタイル張りの浴場。透明感ある城崎の湯には、時を経て艶を増したタイルが実によく似合う。ちなみに岩やタイルはお湯を冷やし、木は保温の効果がある。大正から昭和初期の建物をイメージした和風建築の「柳湯」の湯船は木で造られている。「一の湯」は洞窟風呂を有し、「御所の湯」は庭園露天風呂が新しくできた。

私はこうした湯巡りをする時は、洋服の脱ぎ着を速やかに済ませるためワンピースを着用し、手ぬぐいを首からかけて、次から次へとテンポよく巡っていくが、城崎温泉では浴衣だから、最も脱ぎ着がしやすい。これも、実に楽。

この日も浴衣で、入浴はものの5分ほど、リズミカルに外湯7つを巡った。

城崎温泉と言えば、かつて教科書で読んだかもしれない、志賀直哉の短編「城の崎にて」を思い浮かべる人も多いだろう。

温泉街のはずれに城崎文芸館があり、3階の常設展は「白樺派の文豪・志賀直哉の世界」、以前は2階で「万城目《まきめ》学と城崎温泉」展が催されていた。万城目学さんの書斎を模した展示があり、人気作家の私生活を覗けた。これは万城目学さんが短編「城崎裁判」を書き下ろしたご縁からとのことで、その後、湊かなえさんも短編「城崎へかえる」を書き下ろされて、やはり同じような企画展があった。私はたまたま運よく2つとも観覧できた。ちなみにこの2つの短編はそれぞれ特殊な製本で出版され、城崎温泉限定で購入できる。

ただし城崎温泉の場合、繁忙期の蟹のシーズンはひとり客が断られることも多く、狙いは春から初夏にかけてだと私は思う。

私が好んで泊まる宿は柳通りに面した「山本屋」。食事処や客室から柳通りを眺められる。食事処で夕食を摂りながら眺めた、暮れなずむ景色が忘れられない。写真を撮りながら、食べたっけ。もちろんそぞろ歩きには抜群の立地である。

蟹の時期が終わる頃、温泉街は静かになる。前述した通り蟹以外の名物もあり、それは但馬牛。「西村屋」や「ホテル招月庭」に宿泊すると、「西村屋」に隣接する「さんぽう」でいただける。以前、藁を巻いて焼かれた但馬牛をここで食した。ちなみに「さんぽう」の食事処の上、2階では机と椅子が使え、旅先からハガキをしたためるのには絶好の場所だ。持ち込んだ仕事があるなら、こなすにはベストスポットである。

老舗の「西村屋本館」には大政治家・犬養毅の書が掲げてあり、堂々たる風格。大正時代の大火からの復興の経緯も、「西村屋本館」資料館に展示されている。

そして、もしもう1泊するとしたら、城崎を発ち、電車を乗り継いで京都の宮津まで向かってもいい。宮津にも温泉は湧いている。天橋立《あまのはしだて》温泉の旅館は、部屋にいながらにして天橋立が一望できる。

1泊朝食「イチアサ」で、湯巡りに没頭

〈群馬県・草津温泉〉

温泉街のそぞろ歩きが愉快な東の王者は、国民的温泉地と言うべき、群馬県草津温泉だろう。

私が跡見学園女子大学で「観光温泉学」を教えて8年目になる。キャンパスのホールの講義ではリアルな温泉を伝えるには不十分なこともあり、温泉地や旅館からの配信授業を行っている。今年（2024年）は草津温泉の湯畑と裏草津エリアを歩きながら配信授業にチャレンジした。100分間の授業がゆうに持つほど、草津の温泉街は魅力に事欠かない。

湯けむり上がる湯畑をイメージすると、暑い印象があるかもしれないが、草津町は標高が高い避暑地で、7〜8月でも平均18度。30度以上になることはめったになく、日本のチロル地方と呼ばれている。私が配信授業を実施したのは春の大型連休明け。例年より気温の低い日となり、薄手のダウンコートを着た程だ。

草津は歴史も古く、古墳時代の大和朝廷の頃に日本武尊《やまとたけるのみこと》が東征帰途の折に温泉

を発見したと伝えられ、江戸時代には八代将軍・徳川吉宗が草津の湯を汲み上げ、江戸城に運ばせて入浴した。明治時代にはドイツ人の医学者ベルツ博士が草津を訪れ、草津温泉を世界に紹介した。

こうした草津を訪れた偉人・著名人の名前は「草津に歩みし百人」の碑として湯畑の石柵に刻まれており、授業中、学生さんには刻まれた名前を見せながら歴史を伝えられた。湯畑の源泉地帯の中で四角い枠で囲った部分が、江戸城に運ばせた〝御汲み上げの湯〟の源泉なので、そこを映せば、遥かいにしえに想いを馳せることができる。

毎日、湯もみショーを開催する「熱乃湯」前では、草津伝統の「湯もみ」は源泉温度50度の湯を人が入れる適温にまで冷ますためであること、それは江戸時代から続く人の知恵なのだと教えた。

草津温泉の成り立ちについては、諸説あるが、よく語られるのは白根山に降り注いだ雪や雨が地中深くに染み込み、地下のマグマの熱で温められ、色々な成分を取り込みながらゆっくり標高の低い場所に移動したという説。こうした説明も、毎分4000リットルの湯畑源泉を前に語れば、学生さんの理解も深まるというもの。

私は草津温泉の共同湯巡りが大好きだ。草津温泉には主に6つの源泉があり、共同湯によって異なるため、巡ると、その違いがわかる。ちなみに湯畑からもお湯を引いており、これを湯畑源泉と呼ぶ。７本の湯樋を通すから、外気に触れて冷やされる。他にも湯量豊富で高温ゆえに、町の道路の除雪に使う万代源泉などがある。

配信授業中も、湯畑を拠点として、近隣の共同湯を案内した。

まず湯畑に面した「白旗の湯」である。白旗源泉を使用し、硫黄分が多く、温泉の中で湯の花が舞い、白濁している。

そのお隣の「御座之湯」は、いわゆる日帰り入浴施設で、湯畑源泉と万代源泉の２つを使用。万代源泉は強酸性（pH約１・７０）。湯畑源泉は（pH２・０８）。どちらもキュンキュンと軋む感じが特徴。

湯畑から路地に入ると、いま注目の裏草津地蔵エリアがある。おしゃれなカフェや漫画を読める図書館など、いかにも学生さんが好みそうなスポットだ。

エリアの中心に鎮座するのが「地蔵の湯」。古来眼病に効くと伝えられる地蔵源泉を愉しめる。「地蔵の湯」の真ん前に「目洗い地蔵」と呼ばれるお地蔵様がいて、その横に源泉がある。この辺りは２０２２年に整備され、足湯や手湯、顔湯もできた。顔湯は蒸気を当てるが、配信授業中では実際に私が顔湯を体験して見せた。

ちなみに、まえがきの共同湯の描写は、「地蔵の湯」の様子だ。

湯小屋の天井の湯気抜きを見るとホッとする。やっぱりこうでなきゃね。「ちゃぽん、ちゃぽん」「ざばざば〜〜〜」「ざぶ〜〜〜ん」「ぽちょん、ぽちょん」というお湯のまあるい音色がするのも、木造ゆえの音響効果。あぁ、心地いいなぁ。

このように古い温泉地には、必ずと言っていいほど共同湯がある。

いくつもある温泉発見伝説のうち、ポピュラーなのは動物たちが温泉に癒される姿を見て、人間も入るようになったというパターンだろうか。人間が入るために、温泉が湧くところに湯船を作り、雨風を凌《しの》ぐために東屋を作り、遠方から来る人のために宿を作った。

この温泉地原点の湯が、そのまま現在の共同湯になっていることが多く、だから開湯1000年以上の温泉地は、温泉街の真ん中に共同湯があるのだ。

そして今でも温泉地に暮らす人は、自宅のお風呂のように共同湯を活用している。地元の人や観光客も入り混じり、その時、一緒になった人たちとお喋りをする。それが共同湯の愉しみ方である。

この日、草津の湯畑と裏草津を歩いて見せた配信授業によって、温泉の本質と新旧が入り混じった人気温泉地の今を伝えられて、大満足だった。

授業では足を延ばせなかったが、湯畑から西《さい》の河原《かわら》通りに進み10分ほどで、「西の河原露天風呂」に出る。山下清も入った大きな露天風呂である。

この他に「千代の湯」や「大滝乃湯」などもおすすめだ。

配信授業になぞらえて示したが、要は、ひとりで歩きやすい温泉街であり、注意深く歩くと温泉そのものの理解も深まるのである。

草津に大きな変化が訪れたのは、2018年頃から。それまで高齢者が多かった客層に、20代が加わったのだ。若い世代を呼び込む仕掛けをした中心人物が、湯畑を望む部屋がウリで1泊2食付きのいわゆる伝統的な旅館「奈良屋」、温泉リゾートホテル「草津ナウリゾートホテル」、素泊まりの宿「湯畑草菴」「源泉一乃湯」、カフェ形式の宿「湯川テラス」と5つもの宿泊施設を営む小林恵生社長だ。

2012年に小林社長が「湯畑草菴」をオープンした頃、草津以外でも素泊まりの宿が増える傾向にあった。

草津では1泊朝食付きという宿泊スタイル、通称「イチアサ」が生まれ、1泊2食付きの従来の温泉旅館と合わせて、2つの宿泊形態から選べるようになった。一時はオンライン上の数字で、素泊まりと1泊朝食付きの「イチアサ」が、草津温泉の宿泊客の30パーセントを占めていたと言う。そのほとんどが20代のお客だった。

小林社長が分析する。

「お客様が2泊したい場合は、どうしても2日連続した休みを取らないといけませんでした。それは宿での夕食の時間という縛りがあるからです。この縛りがなくなると、金曜に仕事を終えてから、夕食は途中で摂って、それから宿に入っていただければ、金曜と土曜の2泊が可能です。素泊まりや『イチアサ』を利用した客層は若者でした。これにより草津温泉に若者が増えたんです」

いまや草津では、「1泊2食の宿は大切な日に泊まり、『イチアサ』や素泊まりの宿は日常で」と使い分けが定着してきている。

これ、ひとり温泉にもぴったりですよね。夕食は懐石料理ではなく、外で軽く済ませたいという気分の日とか、ひとり温泉にとっても便利なシステムなのだ。

草津は決してアクセスがいいわけではない。

仮に首都圏から行くならば、上野駅から長野原草津口駅まで特急「草津」で約2時間30分。長野原草津口駅から草津温泉までバス移動で20分。東京駅から新幹線に乗って軽井沢駅で下車し、草津温泉までバスを利用するルートもあるが、時間帯によっては乗り継ぎに時間がかかるため、私は自宅から草津まで4時間を見ておく。

それでも「にっぽんの温泉１００選」（観光経済新聞社）で草津温泉は21年連続、堂々1位。

その不動の人気は、草津の歴史を重んじた、たゆまぬ努力にあるのだと配信授業を通じて再認識したのだ。

至福のお湯に浸って

驚くべき効果が!!〝ガチ〟湯治体験

〈山梨県・下部温泉「古湯坊源泉館」〉


「山崎さんはいつも元気だよね。温泉に入っているからだね」

お会いする方に、必ず言われる。

そんな私も、２０１６年の初夏に2週間程入院し、手術をした経験がある。

子宮内膜症の症状が酷くなり、子宮と左側の卵巣を摘出した。オペをすることで完治したが、腹部には傷痕が15センチ残った。かなりの頻度で温泉に入浴する私にとってはただの傷ではなく、「裸になりたくないな」と行動を狭めかねない傷だった。さらに女性特有の臓器を取ったことで「女性でなくなってしまった」ような気持ちにさせられた。身体と心の両方に傷を負った。

入院中だったか、退院直後だったか、山梨県下部温泉「古湯坊源泉館」のご主人と女将が「湯治においで。うち、傷に効くから」と連絡をくださった。

そのお誘いが心底ありがたく、退院して、下部温泉まで電車で行ける体力が戻った頃、5泊6日で湯治を計画した。

「源泉館」は武田信玄が川中島の戦いで負った傷を癒したと伝えられる大岩風呂を有する。15畳ほどの湯船の底は板張り。その板の隙間からこんこんと、お湯が溢れ出てくる。

そう、足元から新鮮なお湯が湧いているのだ。

地上に誕生したばかりのフレッシュなお湯に浸かることができるのは極めて稀。温泉好きなら、小躍りしたくなる嬉しさである。

泉質はアルカリ性単純温泉。透明で綺麗なお湯。肌の角質や皮脂を落とす効果があり、美肌の湯と言われる泉質だが、傷の湯とも呼ばれている。

「かつて日本人は、老いも若きも男も女も、みなで和《なご》やかに温泉に入っていた」という記述が、今から1300年前に記された風土記にある。

「源泉館」の大岩風呂には、この日本の温泉の原風景が残っている。

現在も大岩風呂は混浴で、身体を隠すガーゼ地の湯あみ着をつけて、見知らぬ人同士がお喋りしながら入る。高齢のご夫婦が、互いを労《いた》わり合いながら温泉に入る姿も見かける。


暑さ厳しい盛夏に、ひとり「源泉館」へと向かう。道中、息切れしながらだったが、なんとか下部温泉駅にたどり着いた。

到着するとご主人と女将が待っていてくれた。

「1回1時間くらい入って、休んでください。それを1日5回くらい目安に。無理はしないでくださいね」と、説明を受ける。

部屋に案内されると、布団が敷かれてあった。

「源泉館」は旅館棟と湯治棟がある。湯治棟の客室は簡素だが、大岩風呂は湯治棟の地下だから、お湯に長時間浸かるためには良き環境なり。

1階に降り、脱衣所で湯あみ着に着替えて、浴場への扉を開くと、まず目に入るのが大きな岩風呂。

7段の階段を降りていくと、大岩風呂の入口の神棚が見えた。「神泉」と記してある。拝んでから入るようである。

湯の温度は30〜32度ほど。季節によって若干、湧出温度は変わるものの、足を入れると「ひやっ」。身体を沈めた瞬間は「ぶるっ」と震えがきた。

他の湯治客は、沸かした42度の温泉が注がれる湯船と源泉風呂を行き来している。私も真似て、交互に入浴しながら、冷たいお湯に身体を慣らしていく。

最初の入浴は50分頑張った。何もせずに、ただ入浴だけの50分は長く感じたが、目を閉じて時間が過ぎるのを待った。

部屋に戻ると敷かれた布団にごろん。

「み〜ん、み〜ん」という蟬の音が、だんだん遠のく。寝落ちして、30分ほど経っただろうか。

午後5時半に夕食の膳が運ばれてきた。鶏肉南蛮漬け、ヤマメ刺身、小鉢3品、温泉で炊いたご飯に味噌汁、果物。おかわりのご飯が入っているおひつ。

この日は夕食後にもう1回、今度は1時間入浴した。

ほぼ毎晩、お湯を抜き、ご主人と女将が湯船をブラシでゴシゴシこすって掃除をする。その後、岩の合間から湧く湯を一晩かけて湯船に溜める。

加水や加温など、人の手が一切加えられていない32度の湧出温度そのままの状態で、温泉が湯船を満たしてくれる。

湯治生活の朝は早い。

お湯が張られたばかりの一番風呂に入るには、大岩風呂がオープンになる6時に行かねばならないから。

6時前には常連の湯治客が姿を現す。扉が開けられると同時に、みなさん、神棚に手をあわせる。そして一番風呂に入る。

7時半に朝ごはん。一般的な旅館料理に2品少ないくらいのボリューム。ちなみに、昼ごはんは350円でカレーを食べさせてくれる。シーツは3日に一度替えてもらえる。ごみは自分で出す。これで1泊1万円也。

2日目、ただ目をつむり入浴していることが退屈に感じた。これ以上、無理だ。そこで浴場に本を持ち込むと、1時間強の入浴が軽々いけた。

湯治には平松洋子さんの文庫を数冊持参していた。

平松洋子さんが私の目の前で見せているかのようなリアルな描写、ユーモアたっぷりな例えの妙。平松洋子さんが奏でるウイットに富む言葉の数々が好きというだけで選んできたが、この時の病後の身には文章が染み渡った。

言わずもがなだが、平松洋子さんは食に関するエッセイの名手だ。「おいしそう」に始まり、「それ、私も作ってみようかな」「その店、行ってみたいかも……」と思いが連続し、病後、食が細くなっていた私が、食べることに意欲がわいてきた。食べることは生きること。食べて、動いて、人と関わって、笑って、それが生きていくことなのだ。そう感じながらページをめくる。「体力をつけて、早く各地に出向くぞっ」と、意気が漲《みなぎ》った。

湯治も3日目になると、お風呂で一緒になる方々と顔馴染みになる。

「あなた、若いけど、どこか怪我しているの?」

「はい、手術したばかりで、お腹に大きな傷痕があります」

と、右手を広げて傷の大きさを示した。

「そのくらいの傷は、たいしたことないよ。1日1時間を5〜6回入って、1週間もすれば良くなるよ。綺麗になるから、大丈夫、大丈夫」

湯治の達人たちの「大丈夫」は魔法の言葉だった。本当に大丈夫な気持ちになってくる。だってこの方々はこのお湯で回復したのだから。

その後は、各々の傷の自慢大会が繰り広げられた。

「交通事故で負ったこんな大きな怪我が」「あんな傷が」と、全てはこのお湯で回復したという話を微《び》に入り細にわたり語ってくれて、やはり信憑性がある。

　滞在中に出会った湯治客は主に70代、80代の方々で、私は最年少だった。他の湯治客から「マドンナさん」と呼ばれていい気になりつつ、お風呂に入り、休み、湯治客とお喋りして、たまに散歩して、そして平松さんの本を読んだ。

　こんな生活で６日が経った。

「源泉館」にやってきた時は、まだ黒ずんでグロテスクだった傷跡が、肌色に近くなっていた。

「これならお風呂に入っても、恥ずかしくないかも」

　何より嬉しかったのは、体力が戻ってきたこと。お湯に入り、おいしくごはんを食べ、湯治仲間と楽しく過ごしたからだろう。年齢が千差万別ながらも、傷を治す、回復するという、同じ目的を持った仲間との合宿所のような場所は、実に心地良かった。もし、ずっと家で療養していたら、どんなに心細かったことか。

　５泊６日の湯治を終えて東京に戻る時には、息切れの症状はなくなっていた。

　翌週、私は取材と会議で九州に出かけた。

湯治について、「温泉によってどのように回復していくか」「体力も落ちた術後の身体に、温泉がどのように作用するだろうか」に興味があった。

というのは、温泉エッセイストとしての美しい建前である。

本音は、「この傷、本当に治るかな。お風呂に入るのが仕事なのに、お腹にこんな大きな傷が残って……、これからお風呂に入れるかな」と、泣きそうだった。

この湯治の経験によって、それまで温泉の効果効能を伝えてきた私の言葉の数々が薄っぺらく思えてきた。温泉に救われてこそ、その意味を知ることができるのだ。温泉はただのお湯である。人が活用してこそ、温泉の力は発揮される。机上だけでは表現できないのだ。

本気の湯治場でも、ひとり気軽に泊まれる新玉川温泉

〈秋田県・新玉川温泉〉

2020年の春、突如、新型コロナウイルスが私たちの世界にやって来た。収束を見せるまで、免疫力を高めることが大切だと感じ続けたが、そもそも免疫力って、何だろう。

日本人は西洋医学が導入される前から、温泉により免疫力を高めることで身体を

整えてきた。

これが「湯治」である。

湯治場と言えば、難病の患者さんがすがる思いで訪ねる秋田県玉川温泉が有名だ。NHKの「ドキュメント72時間」の放送もあったっけ。

玉川温泉には今も本格的な湯治スタイルが残っているが、実は気軽にひとりで滞在しやすい新玉川温泉があることをご存じだろうか。

玉川温泉から2キロ離れた森林の中に位置する新玉川温泉は、昔ながらの湯治場を継承する玉川温泉とは雰囲気が異なり、ライトである。

２０１８年のリニューアルにより、白木をふんだんに使ったスタイリッシュで広くなったロビー。部屋の壁紙は現代アートを彷彿とさせる色彩で、湯治場のイメージが一新された。アイボリーなど目に優しい色彩が基調とされているのも、おしゃれである。

特筆すべきはひとり部屋が50室もあることだ。

やや狭いが、「籠る」のを目的とするならば、この狭さがジャストフィット。都心のホテルのシングルルームとは異なり、窓の外には緑が溢れており、全く閉塞感がなく、私は心地よかった。

「ひとり温泉が市民権を得た」と、繰り返し綴っているが、実のところ「平日は歓迎だが休前日はお断り」「繁忙期はお断り」も少なくない中で、ひとり部屋と命名された客室がこれだけあると、気兼ねしなくていい。いつ行ったっていい。

私が訪ねた時も、20代の女性が「疲れたので湯治に来ました」と言っていた。彼女は3泊して、新玉川温泉に併設されている岩盤浴と温泉を、自分のペースで愉しんでいた。

微量なラジウムが放出される北投石《ぺいとう》の岩盤浴は新玉川温泉でも入れる。自然界にあるラジウムは身体を整えると言われている。それに、新玉川温泉は玉川温泉と同じ源泉を引いている。

青森ヒバの大浴場には源泉100パーセントと50パーセントのお風呂がある。強酸性だから、100パーセントは肌への刺激が強く、私は入浴して1分程でピリピリと感じた。源泉50パーセントは5分程入っていられた。大浴場前には貸切風呂もある。

刺激が強い温泉ゆえに、入浴説明会が開催される。また入浴相談室があり、看護師さんが常駐しているのも心強い。このように湯治へのサポートが充実しているのは玉川温泉と同様だ。

食事はビュッフェ形式で、秋田名物きりたんぽやいぶりがっこ等が食べられる。きりたんぽ鍋は比内地鶏のお出汁で美味。無農薬で新鮮な旬の野菜が並び、ドレッシングも米麴味や福寿味噌味など種類豊富で、連泊しても飽きないだろう。

ひとり湯治を終えて、帰りに田沢湖畔にひっそりと佇む小学校「思い出の潟分校」に立ち寄った。明治15年（１８８２年）に建てられており、教室、体育館、教員室が当時そのままの状態で保存されている。教室の小さないすに座ると不思議な懐かしさがこみ上げてきて、胸の奥がきゅんとした。明治15年へタイムトリップだ。

ひとり旅でも、時に、現地の友人と湯巡り

〈鹿児島県・妙見温泉「田島本館」／鹿児島温泉「城山ホテル鹿児島」〉

２０２４年２度目の旅は、冬の鹿児島へ。

この日も全国的に寒波で、「日本海沿いは豪雪と強風」とのニュースが流れ、航空ルートの関係か、はては飛行機のやりくりか、またもや「遅延・欠航・他空港への着陸や出発地への引き返しの可能性がある」空港に鹿児島が入っていた。

やれやれ。その土地のオフシーズンに旅を計画すると、これがついてくる。しかしながら、オフシーズンだからこそ、ひとり温泉にとって大切な静けさがある。

この日もフライトは20分程遅延した。ようやく離陸しても、飛行機は強風のため揺れに揺れて、私はひどく酔ってしまった。

空港の到着ロビーには、友人が待っていてくれた。

「鹿児島に雪が降るのは珍しいんです。今朝起きたら家の周りは雪で、雪かきしてから車を出して来ました」と微笑まれた。

友人は鹿児島県でユニバーサルツーリズムを促進しており、私が掲げる「親孝行温泉」に参同してくれていて、さらに共に無類の温泉好き。だからいつも「お風呂に行きましょう」と誘ってくれる。車内では、互いの近況から共通の知り合いの話、ユニバーサルツーリズムに関する情報共有まで、話題は途切れない。

ひとり温泉の場合、特に地方では〝足〟の問題に直面する。公共交通機関を利用すると時間に拘束されて、思うような湯巡りができない。それに地元の人が利用する温泉にも入りたい。それらを察して、友人がいつもアテンドしてくれる。

今回、私が妙見《みょうけん》温泉の「田島本館」のお湯を所望すると、意外にも友人は「初めて」と言うではないか。

友人の車の後部座席にはお風呂セットが入っていた。ナイロン製のカゴの中にはシャンプー、リンス、ボディーソープなど一式が詰まり、タオルは車内に５〜６枚常備されている。

「田島本館」とは、25年も前に「離れ」形式の宿を作り話題になった「忘れなの里雅叙園」、ひと山に客室を点在させて敷地内はゴルフカートで移動する「天空の森」といった時代の先をゆく宿を手がけた田島家の本家本元の湯治宿である。２つの宿と比べると、施設は地味である。が、ただただお湯を求めるのなら「田島本館」である。私が、とにかくここのお湯が好き。

そもそも「田島本館」は妙見温泉の発祥の地である。江戸末期に田島家の先祖が水田に湧く源泉を見つけ、明治に入って宿を創業した。温泉を「杖いらずの湯」と称し、神経痛の湯、きず湯、胃腸湯として案内している。

私は立ち寄り（３００円）で神経痛の湯に入る。

簡素な脱衣所で服を脱ぎ、浴場に行く。

湯船の床は茶褐色に変色し、それもだんだんに波打つようにスケール（湯の花）が付着している。まるで湯の花の棚田である。

先客に地元のご婦人が３人いた。みな、目をつむり瞑想している。

先客は私と友人に気付く。

「今日は寒いね、どこから来たの？」

「東京からです」

など簡単な挨拶程度の会話があってから、また目をつむる。

私も真似て、目をつむる。

金のような、土のような、さほど強くはないが匂いがする。

しみじみ、じんわり。じんわり。

お湯の温度は40度くらいだろうか、雪が積もった鹿児島ではややぬる目であったが、優しく包んでくれた。

飛行機で酔った不快さがなくなっていく。移動の疲れ、足腰の重たさ、身体から不快な全てが流れ出ていく。

この晩、「田島本館」で宿泊しようか迷う程、ここはひとり湯治に向いている。本来が湯治するための宿であり、ひとり客も大歓迎。ひとりでしっぽりとお湯に浸かるのに、最も適している。

ただこの日、私は別の目的があったのだ。

「桜島を正面に眺めながら温泉に入るぞ」と。

そう思いながらも、鹿児島空港から「田島本館」に来る道中にあった「ラムネ温泉」という看板が気になり、友人に尋ねると「これから行ってみましょうか」と、「田島本館」を出たその足で「ラムネ温泉」へ連れていってくれた。

家族湯と浴場、飲泉コーナーがあった。飲んでみると微発泡。ここに砂糖を入れたら弾け方の弱いサイダーになるかなぁ。

「このくらいの規模の小さな立ち寄り温泉は、地元の方が通うので、綺麗に整っていますよね」と友人が言う通り、施設が清潔だ。友人は私たちが落とした水滴をそこにあった布で拭いていた。整えてから、「ラムネ温泉」を後にした。

車中で友人が話してくれた。

「この１か月程、咳が治らずに胸が痛んだので、毎日温泉に通って痛みを和らげました」と。

毎日温泉に入る人たちは温泉の活用法を知っているし、温泉を大切にしている。

少し空が明るくなり、桜島が見えてきた。

「桜島が冠雪している！」と、２人ではしゃいだ。

この晩に宿泊する「城山ホテル鹿児島」に送ってもらって、友人と別れ、ここからはひとり温泉だ。

桜島を眺める露天風呂は数あれど、桜島を見上げるわけでもなく、見下ろすわけでもなく、真正面に鎮座する桜島と対峙する気分になれるのは、ここ「城山ホテル鹿児島」の「さつま乃湯」なのだ。

宿泊地にここを選んだのは、もちろん格式あるホテルに滞在したいということもあるが、桜島と朝日を愉しむのが一番の目的。

部屋は桜島ビューで、暮れなずむ光景のなか、ひたすら桜島を眺める。

夕食はホテル内のレストランを選べる。私は中華レストランで海鮮そばを食べた。夕食後も「さつま乃湯」へ行くと、暗闇のなかに街の灯りがともり、一部、漆黒のシルエットがくっきり見える。方向からして、これが桜島。

カーテンは開けたままで就寝。朝の光で目を覚ましたかったからだ。

7時頃、朝焼けが始まるくらいに目が覚めた。

暗い空の下、黒くずっしりとした巨体が浮かんできた。

桜島だ。

裾野辺りが茜色に染まり、朝焼けのショーが始まった。30分もすると、朝焼けは変化し、眩しくなってきた。このタイミングで駆け足で「さつま乃湯」へ向かう。

露天風呂に到着する頃、桜島の右脇あたりから強い光が放たれ始めた。朝の太陽が姿を現す。

昇りゆく太陽の正面に座り、お湯に浸かりながら、その光を目で追った。辺り全てが黄金色に包まれて、お湯も金色に染まる瞬間。

朝日とお湯と私が一体となった。

この一瞬を求めて、私はここに来たのだ。

秘湯で、しっぽり

ひとり温泉歓迎「日本秘湯を守る会」

２０２４年で50周年を迎えた、「日本秘湯を守る会」（以降、「秘湯の会」と略す）をご存じだろうか。

３月13日に東京の有楽町マリオンで開催された50周年記念式典に私も参加したが、驚くことに関係者の10倍にも相当する、秘湯の会のファンが押し寄せた。

式典の盛況を見ながら、私が温泉に関わる仕事を始めてからの25年以上の歳月が思い出された。

特に、初めての秘湯を体験した日のことは忘れられない。

１９９７年11月下旬、秋田県乳頭温泉郷「鶴の湯」の本陣を前に、時空間を移動したかのような不思議な感覚に落ちた。

この日、私は初めて温泉取材をし、混浴風呂も初体験だった。

混浴露天風呂では、英国人ジャーナリストと一緒になり、彼は「鶴の湯には神が宿る」と感動しており、私も「ここには日本人のソウルがある」と語りあった記憶が鮮明に蘇る。

晩秋で、早くも少し雪が積もっていた。雪化粧された「鶴の湯」の本陣はさらに私を魅了した。

どこかまだ、おおらかさが残る１９９０年代後半。見ず知らずの男女が、ごく自然にお風呂を共にする混浴風呂の風景が存在した。

この「鶴の湯」での体験が私の温泉への扉を開いたのだ。

50周年記念式典では、基調講演やパネルディスカッションが行われたが、「秘湯は人なり」という言葉が多用され、秘湯の宿と宿の繋がりの強さ、絆を感じた。

特に、山形県「滝見屋」の女将の訴えが心に残った。

「秘湯の価値はそれぞれの温泉を活かした宿であること。しかし近年は当たり前に居続けることに、知恵がいるようになっている。それは自然環境と社会環境が大きく変化したため。それでも私たちは宿を繋いでいきたい。外国人、若い人も『秘湯の宿』で心をひらいて欲しい」

どうだろう、「秘湯の宿」のイメージが湧いてきたのではないだろうか。自然と人とお湯を重んじる。それが「秘湯の宿」である。

私も「秘湯の宿」を愛して25年。

私なりに「秘湯の宿」を一言で表すとすれば、「解脱できる宿」である。解脱するには、まずゆるめ、ほどき、コリを取らねばならぬ。そのためには5つの条件が必要となる。

条件1　俗世から隔絶された秘湯。けれど比較的行きやすい

条件2　自家源泉を有する

条件3　お風呂の数がたくさんある

条件4　空気のおいしい散策ルートがある

条件5　宿泊料金がお手頃、ひとりで宿泊して休前日でも2万円程度

秘湯とは、秘境にある温泉を指す。

宿泊先も大自然の中にぽつんとある一軒宿がほとんどで、客室数は20室前後とこぢんまりしていて、大型旅館に比べると、人に接する機会がかなり少ない。

こうした秘湯は、例えば森の中の一軒宿や清流沿いの宿、もしくは海に面した宿と、自然豊かなことがウリ。

一軒宿だから、宿が源泉を有することが多く、これを「自家源泉」と呼ぶ。

食事では、ごちそうがずらりといった華やかさはないが、新鮮な山の幸、海の幸が自慢。素材の良さを活かした田舎料理も「秘湯の宿」ならではの魅力だ。

コストパフォーマンスは抜群で、うまく平日に利用したら、1万円前後で宿泊できる宿もある。

自然環境が最高、お湯がいい。料理は素材が良くて、コスパもいい。そんなメリットが揃うのが「秘湯の宿」である。

新型コロナウイルスの感染拡大防止のため、移動が制限されていた最中にも、「秘湯の宿」にはお客がたくさん訪れたというのは、頷ける。

ここからは、私が訪れた「秘湯の宿」を含む、思い出深い何軒かの温泉を紹介したい。

忘れられない絶景に会いに行く

〈長野県・高峰温泉〉

人生観が変わってしまうような風景に、温泉で出会ったことがあるだろうか。まだの人はぜひ一度、浅間山麓に湧く秘湯・高峰温泉を訪ねて欲しい。

息をのむような景色――。

ランプの宿として知られる一軒宿に到着して、雲上の野天風呂へ向かう。チェックインをして、すぐに標高2000メートルにある野天風呂へ行くと、まだ空は真っ青。息をのむ碧さとは、このことを言うのだろう。

「ざっぱ～ん」と湯船からお湯を溢れさせながら、「どっぼ～ん」と入る。お湯の感触を確かめるために、両手で温泉をすくいあげ、手でこすり合わせる。少し軋《きし》む感じがする。硫黄が含まれているからで、肌の皮脂や角質を洗い流したり、血管を拡張する作用があると言われている。

太陽の光の強さを感じながら、空を見上げて、温泉に身体を委ねる。

1時間ほどすると、太陽が沈んでくる。目の前の2000メートル級の山々の稜線に太陽が消えていくと、瞬く間に空一面が茜色に染まる。刻々と変化する空の表情を、お湯から出たり入ったりを繰り返しながら、眺めていた。

もう10年も前の出来事だが、空とはこんなにも表情豊かなのかと、あの感動は忘れられない。景色の中に吸い込まれそうで、あまりにも強烈な記憶としていつまでも残っているから。

素っ裸で温泉に浸かるという、人として最も無防備な状態だったのも、インパクトを増していたのだろう。そこには雄大な自然とちっぽけな自分がいた。

運転免許を持っていない私は、どんな秘湯へ行くにも、いつも公共交通機関を利用する。

高峰温泉へは、東京駅から長野新幹線で佐久平駅へ。そこからバスでアサマ2000スキー場まで。冬季期間中は、スキー場に「高峰温泉」と書かれた真っ赤な雪上車が待っている。雪上車で行くようなロケーションの秘湯だからこそ、自然がすぐそこにある。

それゆえに、温泉の本来の力にも触れられる。

高峰温泉の宿の主・後藤英男さんは、源泉の蒸気や湯量から、浅間山を観察している。

「平成16年（2004年）に起きた浅間山噴火の数日前、温泉を汲み出す地下ポンプが一日に何度も止まるようになりました。その様子で、火山ガスが影響しているのではとすぐに思いました」と後藤さんは言う。直後、浅間山の小規模な噴火が起こった。

マスメディアの過熱報道に対しても、後藤さんは落ち着いて、独自に分析したデータをもとに、宿泊客らに情報を伝えていった。

「ちょうど山開きをして、山歩きのお客さんが増える時期でした」

自然と向き合いながら、源泉管理をする後藤さんは、まさにお湯を守る「湯守」。日々、真摯《しんし》に温泉と向き合うが、そんな後藤さんに深い後悔もある。

それは、ご自身のお母さんを病院で看取《みと》ったこと。

最後は闘病生活でやせ細ったお母さんを、温泉での治療をしないまま、見送ってしまったことが大きな悔いとなったそう。

そこで「温泉で健康管理ができたら、どんなにいいだろう」と考え、毎日、夕食前の17時から18時に温泉健康講座（サロン）を開いている。

白衣を着た後藤さんがお客さんの前に現れ、高峰温泉の源泉の説明と泉質ごとの効果効能、サロンに参加したお客さんの体調に合わせた入浴方法などをレクチャーしている。個別に入浴法を聞くことができるのは珍しいので、後藤さんはいつも質問攻めにあうそうだ。

「講座に参加してくださる若い方から年配の方まで、みな、肩こりや腰や膝の痛みで悩まれていますね。ノルディックウォークの指導員の資格も取得していますので、温泉の交互入浴での筋肉のほぐし方と体の矯正の方法、肩甲骨の動かし方を中心に指導することが多いです」

と、後藤さん。

高峰温泉では26度の源泉と42度の加熱したお湯に入れる。交互浴は、筋肉のほぐれとともに疲れも取ってくれる。私も身体がだるいと感じる時は、温度の異なる湯に交互に入るようにしているが、湯上がりはすっきりとする。

大自然が手に届く距離にある高峰温泉。宿泊施設は簡素だが、とても清潔だ。

「防寒対策に窓を三重サッシにしています。野天風呂も全面改修したんですよ。入った時に広く感じられるように、以前の湯船よりも5センチ深くしました。また高野槙を使いまして、肌あたりの優しさにこだわりました」

山のいで湯だから、登山基地として利用するお客さんもたくさん。山歩きを目的としていなくとも、野鳥観察や星空を眺めることができるなど、宿にいながらにして自然に触れられる環境が高峰温泉の最高の特色だ。

雪上車で行く冬もいいが、緑が芽吹き、高峰温泉が最も美しくなる春が私は好きだ。

眼精疲労回復!?　目に効く温泉

〈新潟県・貝掛温泉〉

「秘湯の宿」を代表する宿をもうひとつ挙げるとすれば、新潟県貝掛温泉である。越後湯沢駅から車で20分程の「奥湯沢」と呼ばれる貝掛温泉。

国道17号線の看板の矢印通りに行って急な貝掛坂を下ると、車幅ギリギリくらい細くてスリリングな貝掛橋がかかっている。たどり着くまでの道のりにも期待が膨らむ。

貝掛橋を渡り切ると貝掛温泉。新潟、雪国の旅館らしい、豪雪の重みにも耐える見事な木造建築が待っていた。

車から降りるとひんやり。山からの涼やかな風が吹き抜ける。渓流が流れる音が聞こえてくる。標高700メートルの秘湯にして、避暑地でもある。

貝掛温泉は江戸時代から「目に効く」と伝えられてきた。メタホウ酸と呼ばれる温泉成分が目によいとされ、かつては源泉で目薬を作り、販売していたこともある。

今でも、源泉が注がれる露天風呂の湯口には、温泉で目を洗うお客さんの姿を見かける。岩造りの露天風呂は20人が入れそうな程、広い。

露天風呂の周りは鬱蒼とした木々に囲まれ、視界一面が木々の緑に染まる。緑を見ているだけで眼精疲労が回復してくる。

内風呂の大浴場は、37度程の「ぬる湯」。

入った瞬間は冷たさを感じるが、30分もすると、身体がほどけるよう。ぬる湯だから、じっくりと入ることができて、末梢神経まで熱が行き届く。のんびり、出たり入ったりを繰り返し、トータルで1時間半ほど浸かると、指先はしわしわになり、心身共にとろけてくる。部屋に戻る頃には身体の芯がほかほか。

湯上がり処には、目に良いといわれるメグスリノ木のお茶が用意されていて、入浴前後に1杯ずつ飲むとよい。ほのかな苦みは大人だから愉しめる味。

さて、食事。茶碗に盛られたご飯の粒は、食べるのがもったいないくらいに光り輝いている。コシヒカリの産地、いわば米どころにやって来たことを実感しながら味わう。お米そのものだけでなく、米が育ったその土地に流れる水で炊くことで、このおいしさがもたらされているのだろう。

地酒も用意されており、青木酒造の「鶴齢《かくれい》」、高千代酒造の「高千代」あたりが、オススメ。

お部屋は過不足ない設えで、掃除が行き届いていて、快適。

美しいお湯にうっとり

〈岡山県・奥津温泉〉

「秘湯の会」には加盟していないが、私が好きな秘湯は岡山県奥津温泉「奥津荘」。人生で一度は入って欲しいお湯。それが「奥津荘」にある「鍵湯」だ。

岡山県の名湯・奥津温泉は美作三湯のひとつとして江戸時代から親しまれてきた。町の真ん中に清流・吉井川が流れ、ほんの数軒の小さな宿が並ぶ。

今でも静かな地であるが、かつては熊や猪が出没したほどの秘境だった。そこで女性たちは、吉井川沿いに湧く温泉を洗濯に使う際に、出没する獣を警戒し、洗濯ものは足で踏んで洗った。

現在は、この風習を伝承し、観光客向けに毎週日曜に足踏み洗濯が行われている。吉井川の川岸に、絣の着物に赤いたすきをかけて、手ぬぐいをほおかぶりした女性たちが奥津小唄に合わせて洗濯をする。観光客もその場で参加ＯＫ。

地元の人たちはこの湯を洗濯に使うだけでなく、共同湯で毎日浸かっている。

初めて奥津を訪ねた時に、共同湯で地域のご高齢の方とご一緒したが、肌が綺麗なこと。それも首から上と、首から下の肌の状態が異なることに目を見張った。毎日、湯に浸かっている部分と浸からない部分の違いなのかと、勝手に推測したが、あながち間違っていないように思う。

「温泉の効果は、日々、お湯に浸かる地元の人の肌を見れば一目瞭然」という私の判断基準は、奥津で得た。地元の方の「肌力《はだりょく》」こそが、何よりもの証である。

ちなみに、世界に名が通った板画家の棟方志功《むなかたしこう》も日本の温泉が大好きだった。棟方志功が愛した湯は全国各地に存在するが、たいがい名湯中の名湯。つまり温泉の目利きでもあったのだ。その棟方志功は「鍵湯」も愛した。

棟方志功が奥津温泉にやってきたのは戦後まもなく。友人を訪ねて津山へ来た時に、奥津の湯の評判を聞きつけて出かけ、「鍵湯」に一目ぼれしたという。「鍵湯」は、約４００年前に津山藩の藩主・森忠政が自分専用の温泉にしたいと番人を置き、鍵をかけたことで、この名が付いた。

今もそのままの形で「奥津荘」に残っている。

開放的な露天風呂でもなければ、風情あるヒノキ風呂でもない。ただ、素朴に組んだ岩の間からぷく、ぷく……っと気泡が現れる。湯船の至る所から湯が湧く。温泉が地上に生まれてきた瞬間そのもの、鮮度が命の温泉にとってこれ以上ない貴重な体験ができる湯船、それが「鍵湯」である。

足元までくっきりと見えるほどの透明度が高いその湯は、ゆ〜らゆら、ゆったり、ゆっくりと揺れる。眺めているだけでも心と身体が浄化されていくような気がするし、何時間でも浸かっていたくなる。

プチ蒸発

ふらっと〝現実逃避〟するなら

〈神奈川県・湯河原温泉〉

平日の日中の東京駅ホーム。

行きかう人の喧噪。外国人観光客、日本人旅行者、出張中の人……。人と人とが渦を巻き、真っすぐに歩けない。あまりの人の多さに、ぽつねんとひとり、孤独感に苛まれる。人に酔い、人に負けるのだ。……周囲のざわざわした音がどんどん遠のいていく。

そんな時、ふと〝プチ蒸発〟したくなる。猛烈に襲ってくる欲求に応えようか。目の前の各駅停車に乗ってしまえば目的地に着いてしまう。平日だから、きっと宿ならある。水曜は休みの宿が多いけど、今日ならきっと行ってからでもなんとかなる。

この時、私が思い浮かべたのは神奈川県の湯河原温泉だ。

東京駅から特急「踊り子」で75分。東海道本線の各停で90分。東海道新幹線で熱海まで行き、東海道本線を1駅戻れば湯河原駅で、このルートならスムーズに乗り継いでだいたい40分。

首都圏から程近い温泉地はいくらでもあるが、私がひとり温泉に湯河原を選ぶ理由は「旅館が小ぶりで、人混みがない」「湯疲れしない」「緑に囲まれた公園で安らげる」「海の幸がおいしく、みかんも美味」など枚挙にいとまがない。

何よりとにかく静かで、湯河原は大人たちの憩いの場なのだ。

隈研吾《くまけんご》さんが設計した湯河原駅は、箱根湯本駅や熱海駅前のような、東京駅にも似た雑踏とは無縁だ。平日なら、いても地元の人たちだけだ。

ひとり温泉は、静かなら静かなほどいい。

有名温泉地によくある大型温泉ホテルが立ち並ぶ光景とは一線を画し、宿の規模は小さく、品のいい所が揃っている。だから温泉が好きな人が滞在したい旅先によく選ばれる。

こぢんまりとした温泉街ながらも、神奈川県と静岡県の両方にまたがり、エリアは狭いが、100本もの源泉を保有する。

２０００年代にスタートした温泉の源泉集中管理は、全国でも先駆けとなった取り組みで、「地下から温泉を引き上げすぎて、源泉が枯渇するのを防ぐ」という理念は今でいうＳＤＧｓに当たるし、当時の主流だった「源泉掛け流し主義」を思えば、先見の明があった。

湯河原の泉質は大きく分けて塩化物泉、単純温泉、硫酸塩泉の３種類。入り比べてみて欲しい。

湯河原温泉は首都圏の奥座敷として多くの人に贔屓《ひいき》にされてきた歴史もある。万葉集にも出てくるし、中世の頃から湯治場として愛されていた。

江戸時代には既に湯河原温泉の名で親しまれ、河原から湧出する温泉に湯船を作り、「村湯」「惣湯」と呼び、共同湯として利用した。

明治時代には首都圏から近隣という地の利を活かし、宿が次々と建てられ、著名な政治家・軍人・文人墨客《ぼっきやく》が頻繁に訪ねてくる。

かの２・２６事件では東京以外で唯一の現場になるほど、歴史的エピソードには事欠かず、夏目漱石や芥川龍之介などの文人にも好まれた。奥湯河原には一世を風靡した名旅館「加満田《かまた》」もあり、水上勉や小林秀雄が常連だった。

そんな湯河原で由緒ある万葉公園が2022年に「湯河原惣湯」としてリニューアルオープンした。

森に包まれる万葉公園の入り口には珈琲とサンドイッチなど軽食が摂れる洒落たカフェができ、この棟には電源がある席も多数設置された。つまり仕事ができるのだ。

森の中も整備されて、所々にテラスが配置。ここに腰かけると、頭上の樹々からグリーンシャワーを浴びられる。あまりの心地よさに、靴と靴下を脱いで、素足で過ごした。そして持参した文庫を広げた。

私が湯河原で泊まるのは、江戸時代から続く創業300年、湯河原で最も老舗の「上野屋」か、随所に配慮が行き届く「おんやど恵」のどちらかだ。

「上野屋」はかの水戸黄門さまが立ち寄ったという逸話も残る。現在の宿は、大正から昭和初期に建てられており、木造の湯宿の建築美を体感できる。自家源泉を有し、ナトリウム・カルシウム－塩化物・硫酸塩泉　pH8・3と含石膏－弱食塩泉。

「おんやど恵」は長期にわたり高齢者や身体が不自由な方に向けた設備改修や接遇など、熱心に取り組んできた。長年「バリアフリーの宿」を掲げてきたこともあり、心遣いが細やかで何もかもが優しい雰囲気。気持ちが穏やかになる。

お湯は手の平で転がすと、とろとろ。躍るようにお湯が動く。お湯そのものが生き生きしており、化粧水のような肌触り。仕上がりがたまご肌になる。疲れない。

ひとり温泉で行きたくなる湯河原温泉だが、実際、Ｗｅｂなどでは「ひとり宿泊プラン」も掲出されている。また仕事を済ませて金曜の夜遅めに宿へ入り、夜食を摂って就寝。土曜、日曜と楽しんで、帰るという行程も増えているようだ。

東京駅で、ふと現実から離れたくなったら、湯河原へ行こう。再び東京駅に戻ってくる時には、きっと雑踏に負けないようになっているはずだ。

ひとり温泉って、構えず楽しめる気軽さが、最大の魅力だから。

あとがき

本書は２０２３年4月に上梓した『温泉ごはん』（河出文庫）の続刊である。それまで温泉や旅の愉しみを綴ってきた私が、〝おいしい〟要素を足してエッセイにしてみると、読者の〝おいしさ〟に対する反応が新鮮だった。

旅には、温泉とごはんは必須アイテムなのである。

ならばと思い、〝ひとり温泉〟の要素を加えたのが本書『ひとり温泉　おいしいごはん』だ。

本づくりをしていても、私自身、実に心地が良かった。

本の制作において著者は原稿を書く、２回（初校と再校）のゲラをチェックする、装丁やカバーデザインを確認するという段階を経る。本書はほぼ書き下ろしだったために、刊行まで約8か月を要したが、この間、私もずっとお腹を空《す》かせ、お湯に浸かったかのようなほっこりとした気分だった。

やっぱり、温泉に浸かった時のほっこり感とおいしいものに出会えたあの感動って、率直に、いいものですね。

まえがきでも触れたが、ひとり温泉をはじめたのは約20年前のことで、現在、私は50代に突入した。その時々でひとり温泉のスタイルは変化していったが、ひとり温泉はいつも私の人生と共にある。

ひとり温泉をはじめた頃と比べたら、幸い、50代の現在の方が忙しくなり、日々の時の流れが早い。もはや人と予定を合わせる余裕はないし、そもそも1泊2日の丸々2日間の時間は取りにくい。よって現在は、仕事と仕事の合間にサクッと楽しむひとり温泉の技を覚えた。そんな短い時間でも、ひとり温泉をすればうまく気分転換できるし、確実に生産性が上がる。何より、心身はすこぶる調子がいい。

そのような体験から、多忙を極める働く女性に、「より気軽に、ひとり温泉を！」というメッセージも本書に込めた。

もうひとつ、気付いたことがある。

ひとり温泉と読書の親和性だ。家で本を読むより、チェックイン後にひとっ風呂浴びて、浴衣を着て、夕食までの時間に本の世界に耽る。お天道様が高いうちに怠《なま》ける背徳感も手伝ってか、あの多幸感たるや。夕食後、うとうとしながら本を開き、朝湯の後にもまた開く。

ひとり温泉と読書は、実にいい関係なのである。

なお、本書はあくまでも私の体験記であり、現在の温泉や宿の状況に変化があるかもしれないこともお伝えしておきたい。

『温泉ごはん』に続き、伴走してくださった河出書房新社の野田実希子さんとは同世代の女性どうしでいつも和気あいあいと、実に楽しい本づくりができた。また、イラストレーターのチチチさんが温泉のほっこり感をカバーイラストで表現してくださった。

最後に、ひとり温泉の私を温かく受け入れてくださいました宿と、本書に関わってくださった全てのみなさまに、心からの感謝を申し上げます。

２０２４年盛夏　　山崎まゆみ

＊本書は書き下ろしです。

ひとり温泉《おんせん》　おいしいごはん

二〇二四年 九 月二〇日　初版発行
二〇二五年 六 月三〇日　5刷発行

著　者　山崎《やまざき》まゆみ
発行者　小野寺優
発行所　株式会社河出書房新社
〒一六二―八五四四
東京都新宿区東五軒町二―一三
電話〇三―三四〇四―八六一一（編集）
〇三―三四〇四―一二〇一（営業）
https://www.kawade.co.jp/

ロゴ・表紙デザイン　粟津潔
本文フォーマット　佐々木暁
印刷・製本　中央精版印刷株式会社

落丁本・乱丁本はおとりかえいたします。

本書のコピー、スキャン、デジタル化等の無断複製は著作権法上での例外を除き禁じられています。本書を代行業者等の第三者に依頼してスキャンやデジタル化することは、いかなる場合も著作権法違反となります。

Printed in Japan ISBN978-4-309-42134-6

温泉ごはん

山崎まゆみ　41954-1

いい温泉にはおいしいモノあり。1000か所以上の温泉を訪ねた著者が名湯湧く地で味わった絶品料理や名物の数々と、出会った人々との温かな交流を綴った、ぬくぬくエッセイ。読めば温泉に行きたくなる！

わたしのごちそう365

寿木けい　41779-0

Twitter人気アカウント「きょうの140字ごはん」初の著書が待望の文庫化。新レシピとエッセイも加わり、生まれ変わります。シンプルで簡単なのに何度も作りたくなるレシピが詰まっています。

「お釈迦さまの薬箱」を開いてみたら

太瑞知見　41816-2

お釈迦さまが定められた規律をまとめた「律蔵」に綴られている、現代の生活にも共通点が多い食べ物や健康維持などのための知恵を、僧侶かつ薬剤師という異才の著者が分かりやすくひも解く好エッセイ。

食いしん坊な台所

ツレヅレハナコ　41707-3

楽しいときも悲しいときも、一人でも二人でも、いつも台所にいた――人気フード編集者が、自身の一番大切な居場所と料理道具などについて語った、食べること飲むこと作ることへの愛に溢れた初エッセイ。

バタをひとさじ、玉子を3コ

石井好子　41295-5

よく食べよう、よく生きよう――元祖料理エッセイ『巴里の空の下オムレツのにおいは流れる』著者の単行本未収録作を中心とした食エッセイ集。50年代パリ仕込みのエレガンス溢れる、食いしん坊必読の一冊。

こぽこぽ、珈琲

湊かなえ／星野博美 他　41917-6

人気シリーズ「おいしい文藝」文庫化開始！　珠玉の珈琲エッセイ31篇を収録。珈琲を傍らに読む贅沢な時間。豊かな香りと珈琲を淹れる音まで感じられるひとときをお愉しみください。

著訳者名の後の数字はISBNコードです。頭に「978-4-309」を付け、お近くの書店にてご注文下さい。